페이퍼빌드
5단 진화
자이언트 로봇
종이접기

KB188709

▶ 페이퍼빌드 종이접기를 더 쉽게!
QR코드 동영상 이용 방법

어린이 친구들을 위해 어려운 부분은 저자가 직접 알려 주는 동영상을 제공합니다. 책 군데군데에 QR코드가
있습니다. QR코드를 스캔하면 유튜브로 이동하여 동영상을 볼 수 있습니다.

▶ QR코드 스캔 방법

* 여기서 설명하고 있는 방법 외에 다양한 방법이 있습니다. 알고 있는 방법이 있으면 그 방법을 이용해도 됩니다!

❶ 카카오톡-[더 보기]에서 아이콘을 누릅니다.

❷ QR코드가 있는 곳에 를 가져다 놓으면 QR코드가
찍힙니다. [웹 브라우저로 열기]를 누릅니다.

❸ 동영상을 볼 수 있습니다.

❹ 검색 창에 [페이퍼빌드]를 입력해서 페이퍼빌드 종이접기를 더 즐겨 보세요!

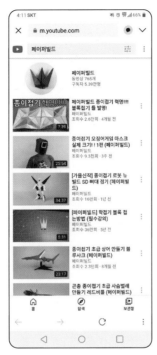

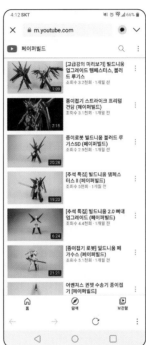

영상을 통해 누구나
멋진 작품을 만들 수 있어!

QR코드 동영상 제공!

페이퍼빌드

5단 진화

자이언트 로봇

종이접기

QR코드 동영상 제공!

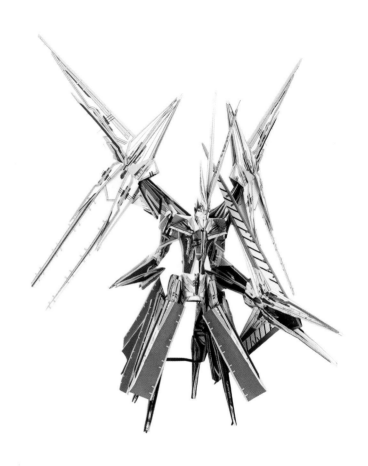

초판 인쇄일 2025년 2월 24일
초판 발행일 2025년 3월 4일

지은이 페이퍼빌드(장준호)
발행인 박정모
등록번호 제9-295호
발행처 도서출판 혜지원
주소 (413-120) 경기도 파주시 회동길 445-4(문발동 638) 302호
전화 031) 955-9221~5 **팩스** 031) 955-9220
홈페이지 www.hyejiwon.co.kr

기획 · 진행 김태호
디자인 김보리
영업마케팅 김준범, 서지영
ISBN 979-11-6764-083-3
정가 17,500원

학 접기 블록으로 만드는
입체 종이 로봇

페이퍼빌드

5단 진화

자이언트 로봇

종이접기

페이퍼빌드(장준호) 지음

혜지원

머리말

드디어 다섯 번째 페이퍼빌드 종이접기 책이 나왔습니다. 주제는 가장 자신 있는 '로봇'입니다. 종이접기로 로봇을 만든다는 건, 평범한 종이 한 장에 숨겨진 무한한 가능성을 발견하는 일입니다. 단순히 종이를 접는 것에서 시작해 팔, 다리, 가슴, 머리 하나하나를 만들고 정성스럽게 조립하여 완성된 로봇을 책상 위에 세웠을 때의 그 감동은 이루 말할 수 없습니다. 이 성취감이 얼마나 대단한지, 무엇을 하든 쉽게 질려 버리던 제가 15년이 넘는 시간 동안 한결같이 종이로 로봇을 만들어 오고 있습니다.

많은 아이에게 종이접기를 가르치면서 느낀 건 나이가 어려 손도 작고, 책상도, 가위도, 풀도 무겁고 크지만 종이접기에 대한 열정만큼은 어른들보다 더 크다는 것입니다. 밥도 안 먹고 책상 앞에 앉아 하루 종일 접는다는 아이들 이야기도 많이 듣고 있고, 유치원생인데 벌써 학블록을 접는 아이들 이야기도 듣고 있습니다. 상상 이상으로 열정과 실력이 뛰어난 아이들을 보며, 조금은 어려울지라도 몇 배는 더 멋진 로봇을 제작했습니다.

Paper Build

페이퍼빌드 책은 다른 종이접기 책에 비하면 어려울 수도 있지만, 그만큼 아이들의 도전 욕구를 불러일으킬 것이라 생각합니다. 재미는 물론 어려운 도전 끝에 맛볼 수 있는 성취감이야말로 페이퍼빌드 종이접기의 가장 큰 장점입니다. 종이접기로 손재주와 창의력을 올리고, 성취감을 마음껏 누려 보세요.

평범한 종이 한 장이 여러분의 손을 거쳐 멋진 로봇으로 변신하는 순간을 기대하며, 이 책이 여러분에게 새로운 도전과 기쁨이 되길 바랍니다. 나아가 세상에 단 하나뿐인 자신만의 로봇을 창작하는 그날까지 함께할 수 있기를 바랍니다.

저자 **페이퍼빌드**(장준호)

목차

5단 진화 // 히어로 페가수스 워리어

1단계

2단계

Paper Build

 **3단계**

골리앗 페가수스 ▶ **80p**

 **4단계**

기간틱 골리앗 페가수스 ▶ **104p**

 **5단계**

히어로 페가수스 워리어 ▶ **128p**

special weapon 히어로 보우 ▶ **159p**

기호와 약속

▶ **안으로 접기**

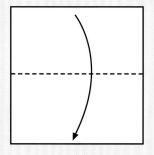

▶ **바깥으로 접기**

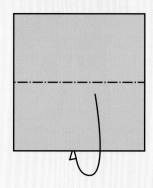

▶ **종이접기 기호**

뒤집기

자르기

풀칠하기

사진을 확대/축소한 경우

돌리기

누르기

넣기

펴기, 벌리기

넘기기

보는 방향

기초 접기

Basic 1

학블록 접기

학블록이란 페이퍼빌드 종이접기의 기본이 되는 블록입니다.
도안지를 사용하기 전에 일반 용지나 색종이로 연습을 먼저 해 보세요
(173p의 연습 종이도 사용해 보세요).

1

종이를 반으로 접습니다.

★ 도안지로 접을 때는
각각의 블록 접기를 설명하는 곳에서
표시한 방향대로 반으로 접습니다.

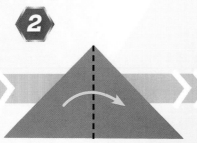

2

한 번 더 반으로
접습니다.

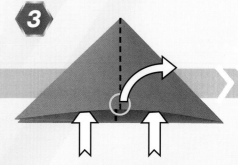

3

틈새 안에 손가락을 넣습니다.
노란 원 부분을 잡고
화살표 방향으로 벌리면서 누릅니다.

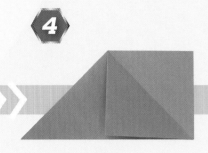

4

뒤집습니다.

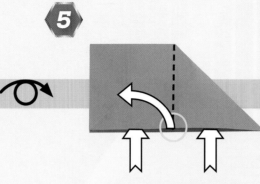

5

③번 과정을 반복합니다.

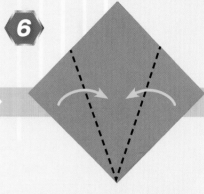

6

벌어진 곳이 아래로 오게 놓은 뒤
가운데를 기준으로 대각선으로 접습니다.

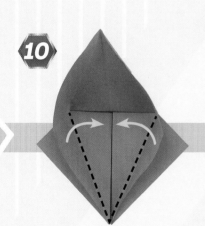

10

들어 올리면서 앞에서
접은 선을 따라서 안쪽으로 접습니다.

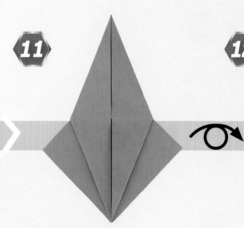

11

뒤집어서 ⑥~⑩번 과정을
반복합니다.

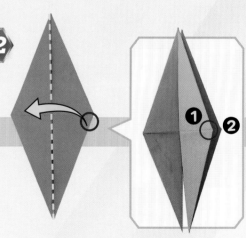

12

오른쪽 종이 2장 중 1장만 잡아
왼쪽으로 넘깁니다.

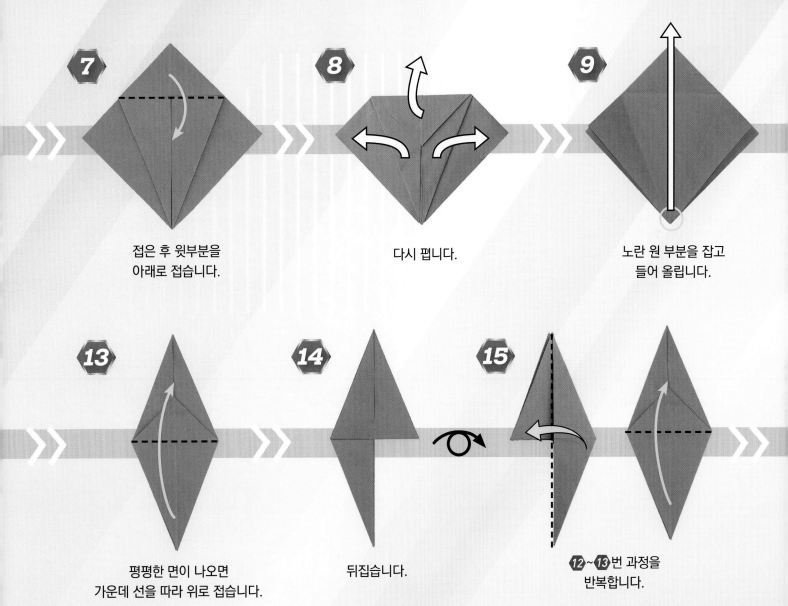

7 접은 후 윗부분을
아래로 접습니다.

8 다시 폅니다.

9 노란 원 부분을 잡고
들어 올립니다.

13 평평한 면이 나오면
가운데 선을 따라 위로 접습니다.

14 뒤집습니다.

15 ⑫~⑬번 과정을
반복합니다.

11

16

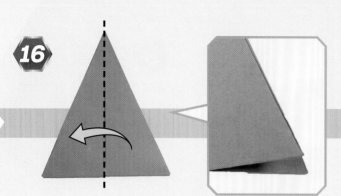

왼쪽으로 1장 넘깁니다.
도안지로 접었으면 넘겼을 때 구분선이 보입니다.

★ 만약 **15**번 과정까지 끝내서 구분선이 바로 나오도록
접었다면 **19**번 과정으로 넘어갑니다.
★ 도안지 없이 접었을 때도 **19**번 과정으로 넘어갑니다.

17

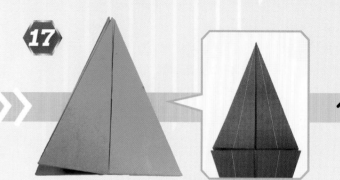

도안지로 접었을 때는 오른쪽 사진처럼
구분선이 나타나야 합니다. 뒤집습니다.

21

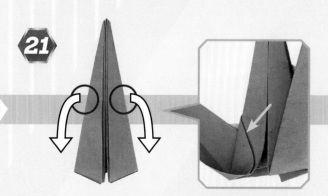

빨간 원 부분을 잡고 좌우로 살살 벌립니다. 벌리면
사진처럼 대각선이 보입니다. 이 대각선과 딱 맞아 포개지게 벌립니다.

22

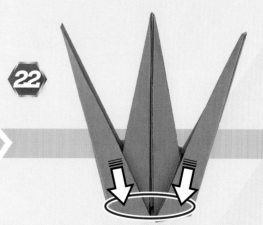

아랫부분을 꾹 누릅니다
(벌린 후에는 꼭 꾹 눌러 마무리합니다).

18

오른쪽에 3장이 있습니다.
1장만 왼쪽으로 넘깁니다.

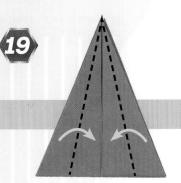

19

가운데를 기준으로
대각선으로 접습니다.

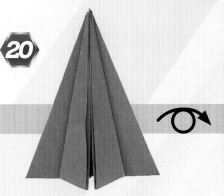

20

뒤집어서 **19**번 과정을
반복합니다.

완성!

학블록 접기 완성!

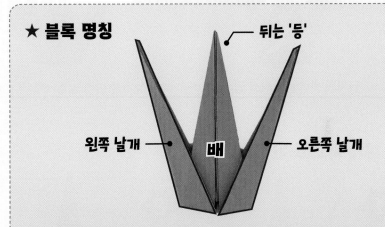

★ 블록 명칭

뒤는 '등'

왼쪽 날개 — 배 — 오른쪽 날개

좌우 빨간 선 부분이 '날개'입니다. 가운데 부분은 '배'이며 그 뒤는 '등'
입니다. 배를 반 접습니다, 오른쪽 날개를 벌립니다처럼 지시에 맞는 부분
을 잘 접길 바랍니다.

 **Basic 2** 학블록 응용 접기

페이퍼빌드 종이접기를 할 때 많이 사용하는 접기 방법들입니다.
한번 익혀 두면 만들 때 도움이 많이 되니 연습해 보세요.

준비물 **학접기 블록 2개**(일반 종이로 만들어서 충분히 연습하고, 도안지는 연습 후에 접어 주세요).

▶ 날개 반 접기

1

날개의 윗면을 올려서 펍니다.

2

날개를 아래 방향으로 반 접습니다.

 완성!

접은 후에는 올린 면을
다시 내려 접고 꾹 누릅니다.

▶ 날개 자르고 반 접기

1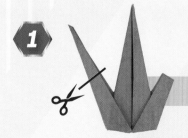

날개 가운데 부분을 자릅니다.

2

자른 후 짧아진 날개를
'날개 반 접기'처럼 안으로 반 접습니다.

 완성!

▶ 날개 벌리기 ※ 벌리는 것은 일반 종이로 해도 조금씩은 찢어집니다. 작품을 만들 때는 지장이 없으니 괜찮습니다.

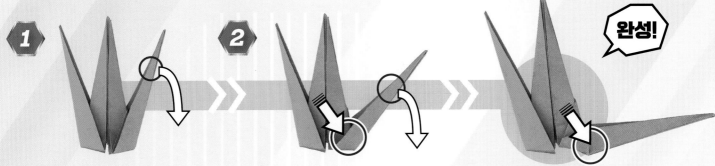

1 빨간 원 부분을 잡고
살짝 벌립니다.
천천히 조금씩 벌려야 찢어지지 않습니다.

2 조금 벌린 후 빨간 원 부분을
꾹 누릅니다. 벌리고
누르는 과정을 반복합니다.

완성! 원하는 각도까지 벌렸으면
꾹 누릅니다. 벌릴 때 조금
찢어질 수 있으나 괜찮습니다.
꼭 살살 벌립니다.

▶ 배 반 접기

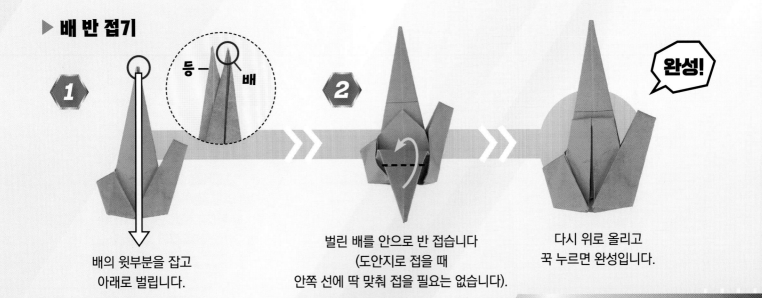

등 — 배

1 배의 윗부분을 잡고
아래로 벌립니다.

2 벌린 배를 안으로 반 접습니다
(도안지로 접을 때
안쪽 선에 딱 맞춰 접을 필요는 없습니다).

완성! 다시 위로 올리고
꾹 누르면 완성입니다.

1

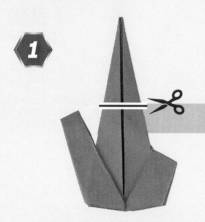

완성!

2

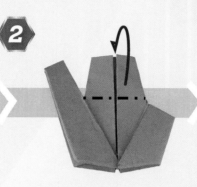

앞에서 쓴 블록을 뒤집습니다.
배의 가운데 부분을 가위로 자릅니다.

짧아진 배를 안쪽으로
반 접습니다.

▶ 마무리 접기

1

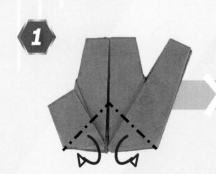

완성!

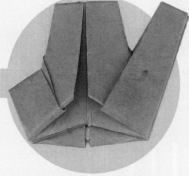

형태를 깔끔하게
마무리할 때 하는 접기입니다.
배 아랫부분을 안쪽으로
대각선 형태로 접어 넣습니다.

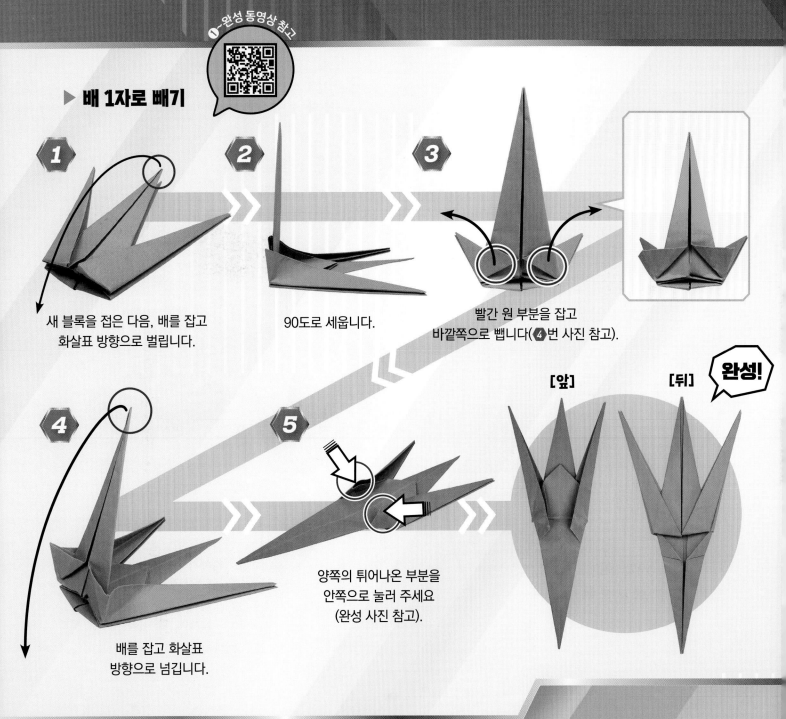

완성 동영상 참고

▶ 배 1자로 빼기

1

새 블록을 접은 다음, 배를 잡고
화살표 방향으로 벌립니다.

2

90도로 세웁니다.

3

빨간 원 부분을 잡고
바깥쪽으로 뺍니다(**4**번 사진 참고).

4

배를 잡고 화살표
방향으로 넘깁니다.

5

양쪽의 튀어나온 부분을
안쪽으로 눌러 주세요
(완성 사진 참고).

[앞]　　　　[뒤]　　**완성!**

 **Basic 3**

학블록 조립

풀을 사용하지 않고 블록을 조립하는 방법입니다.
만들기의 기본이 되니 만들기 전에 연습을 해 보세요
(조립이나 풀칠이 어려우면 양면 테이프를 같이 이용해 보세요).

▶ 배 조립

[블록 바닥]

1

블록 2개를 준비합니다.
블록 1개를 '**배 1자로 빼기**'합니다.

2

블록 바닥을 보면
틈새가 2개 있습니다.
'**배 1자로 빼기**'를 한
블록의 벌린 배를
틈새에 넣습니다.

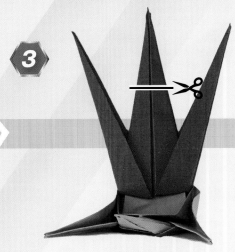

3

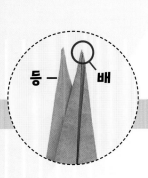

등 — 배

끝까지 넣은 후
배의 가운데를 가위로 자릅니다.
등은 자르지 않습니다.

4

짧아진 배를
앞으로 살짝 벌립니다.

5

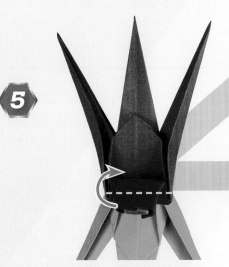

틈 안으로 반을 접어 넣습니다.
'배 자르고 반 접기'와 같습니다.

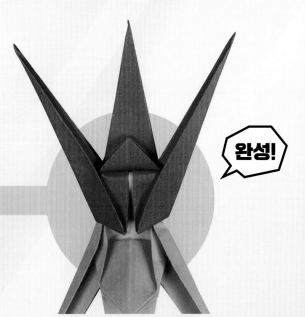

완성!

▶ 날개 조립

1

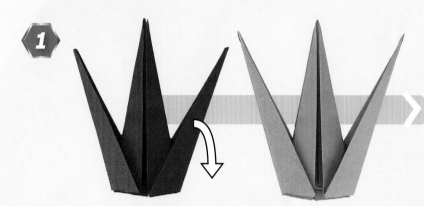

블록 2개를 준비합니다.
1개의 블록만 날개를 살짝 벌립니다
(꼭 꾹 누르는 것을 잊지 마세요).

2

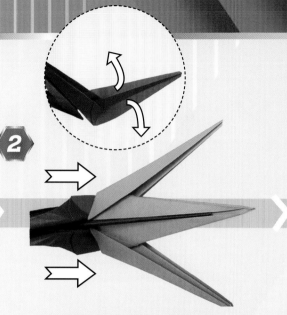

벌린 날개의 양쪽을 펼칩니다.
날개를 다른 블록의 틈새에 넣습니다
(가운데 사이로 종이가 통과해야 합니다).

5

'배 조립' **4**~**5**번
과정처럼 벌려서
안으로 접어 넣습니다.

완성!

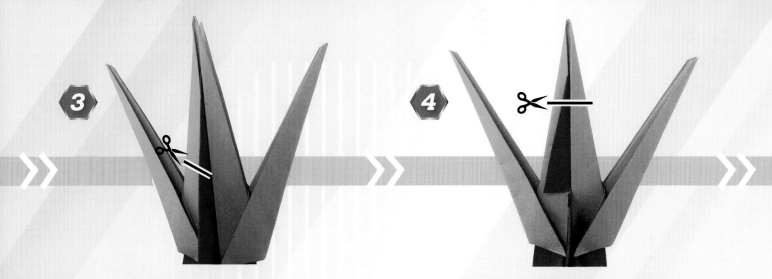

3 사이로 나온 부분만 가위로 자릅니다.
자르는 위치는 날개 가운데 지점입니다.

4 자른 날개를 옆으로 눕힌 뒤
사진에서의 선 부분을 자릅니다.
위에서 1/3 지점이며 등은 자르지 않습니다.

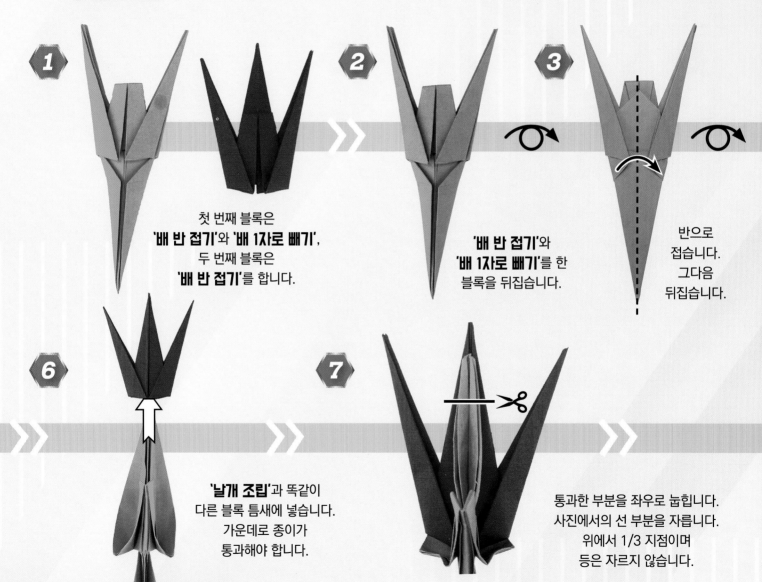

▶ 양 날개 조립

1 첫 번째 블록은 **'배 반 접기'**와 **'배 1자로 빼기'**, 두 번째 블록은 **'배 반 접기'**를 합니다.

2 **'배 반 접기'**와 **'배 1자로 빼기'**를 한 블록을 뒤집습니다.

3 반으로 접습니다. 그다음 뒤집습니다.

6 **'날개 조립'**과 똑같이 다른 블록 틈새에 넣습니다. 가운데로 종이가 통과해야 합니다.

7 통과한 부분을 좌우로 눕힙니다. 사진에서의 선 부분을 자릅니다. 위에서 1/3 지점이며 등은 자르지 않습니다.

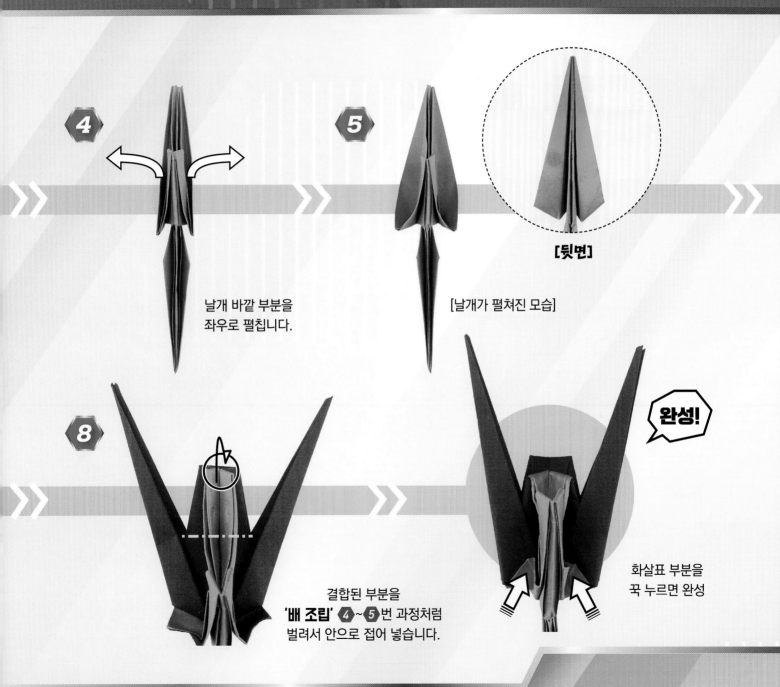

4 날개 바깥 부분을
좌우로 펼칩니다.

5 [날개가 펼쳐진 모습]

[뒷면]

8 결합된 부분을
'배 조립' 4~5번 과정처럼
벌려서 안으로 접어 넣습니다.

완성!

화살표 부분을
꾹 누르면 완성

Basic 4 부품 접기

장식을 만들 때 사용하는 기초 접기입니다.

▶ 막대접기

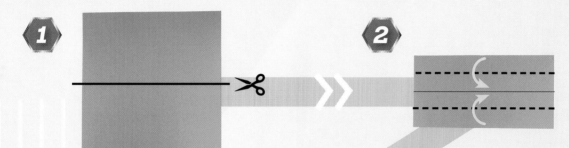

1 블록을 접을 때와 같은 크기의 정사각형 종이를 준비합니다. 반으로 자릅니다.

2 자른 종이를 반으로 접었다 편 후 가운데에 맞추어 반씩 접습니다 (접을 때 풀칠을 하면 더 깔끔합니다).

3 반씩 한 번 더 접습니다.

완성!

완성. 막대접기는 총, 대포, 뼈대, 손잡이, 칼날 등에 사용합니다.

▶ 삼각접기

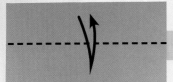

막대접기를 하고 남은 나머지
직사각형을 가져옵니다.
반으로 접었다 폅니다.

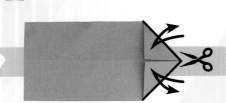

비행기를 접듯 대각선으로
접었다 폅니다.
새로 생긴 대각선을 자릅니다.

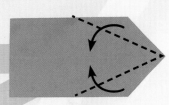

또 비행기를 접듯
대각선으로 접습니다.

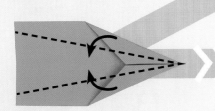

한 번 더 대각선으로 접어
가운데에 딱 오도록 합니다.

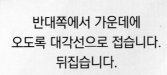

반대쪽에서 가운데에
오도록 대각선으로 접습니다.
뒤집습니다.

완성. 삼각접기는 날개, 장식,
칼날, 가시 등에 사용합니다.

완성!

히어로 페가수스

hero Pegasus warrior

워리어

1단계 히어로 빌드맨

2단계 메가 빌드 워리어

3단계 골리앗 페가수스

4단계 기간틱 골리앗 페가수스

5단계 히어로 페가수스 워리어

Paper Build

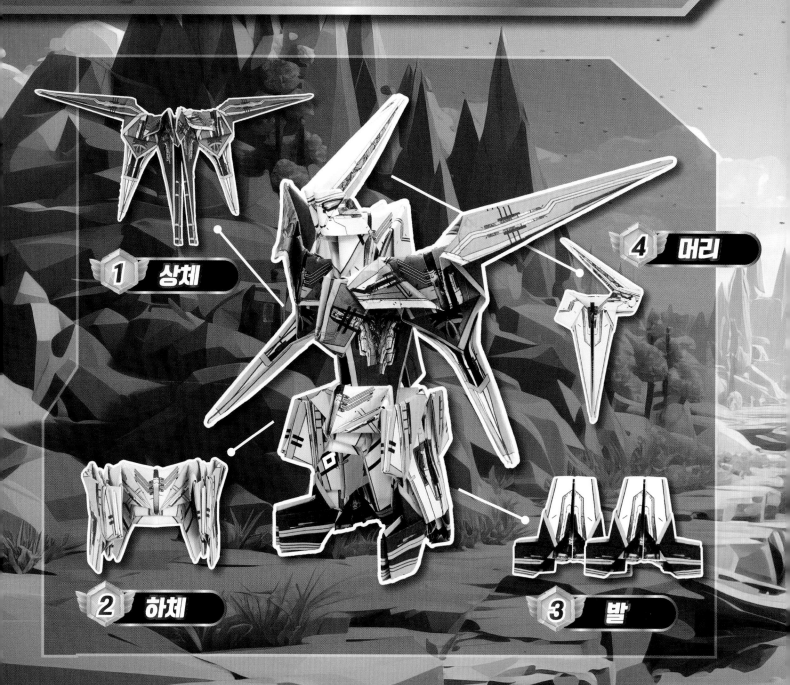

1 상체

2 하체

3 발

4 머리

1단계

히어로 빌드맨
hero build-man

히어로 로봇의 기본! 강철 몸체는
어떤 공격에도 끄떡 없다!

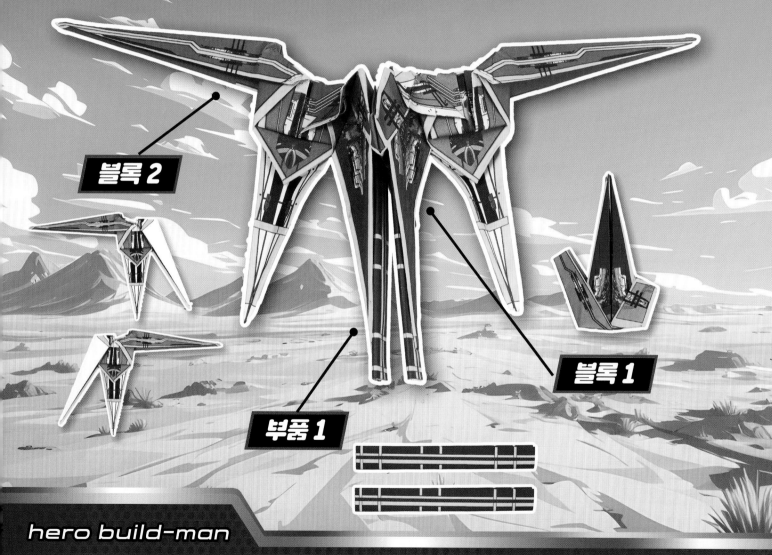

making 1

상체

블록 2

블록 1

부품 1

hero build-man

도안지 1쪽

1

가슴 블록 도안지로 블록을
사진처럼 접습니다.

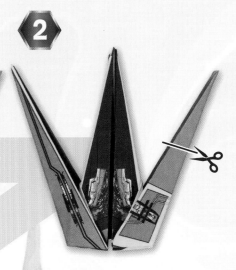

2

오른쪽 날개의 점선을 자릅니다
(★ **날개 자르고 반 접기** 참고).

3

오른쪽 날개의 윗면을
올립니다.

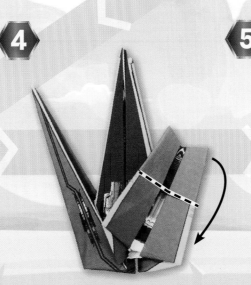

4

선을 따라 반 접습니다.

5

올린 윗면을 다시 내립니다.

31

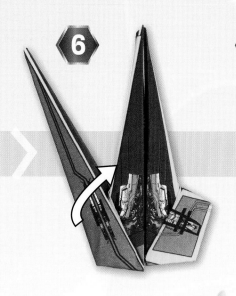

6

반대쪽 날개의 윗면을 올립니다.

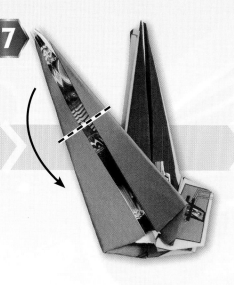

7

선을 따라 반 접고 다시 내립니다.

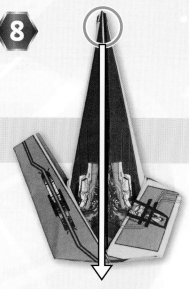

8

배를 잡습니다. 아래로 벌립니다.

블록 2 어깨 블록

[오른쪽]

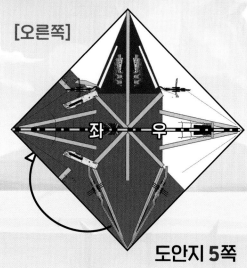

좌 우

도안지 5쪽

[왼쪽]

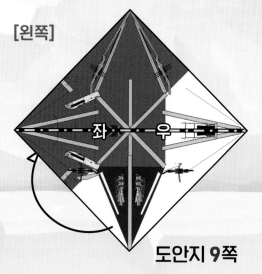

좌 우

도안지 9쪽

어깨 블록은
왼쪽, 오른쪽
각각 1장이 필요해!

9

선을 따라
삼각형 부분을
아래로 접습니다.

10

벌린 배를 올립니다.

완성!

가슴 블록 완성!

1

[왼쪽]

[오른쪽]

어깨 블록 도안지로 블록을
사진처럼 접습니다. 좌우 디자인은 반대지만
접는 과정은 같습니다.

2

설명은 오른쪽 어깨를 기준으로 합니다.
점선을 따라 배를 자릅니다
(★ **배 자르고 반 접기** 참고).

배를 아래로 벌립니다.

안쪽으로 반 접고 다시 올립니다.

블록의 보라색 날개를 사진처럼 벌립니다
(★ **날개 벌리기** 참고).

합체 가슴 + 어깨 조립

[오른쪽 어깨]　　　[가슴]　　　[왼쪽 어깨]

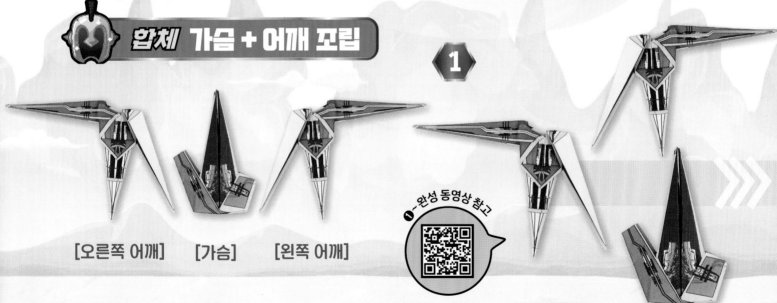

➊ 완성 동영상 참고

가슴 블록, 좌우 어깨 블록을
사진처럼 놓습니다.

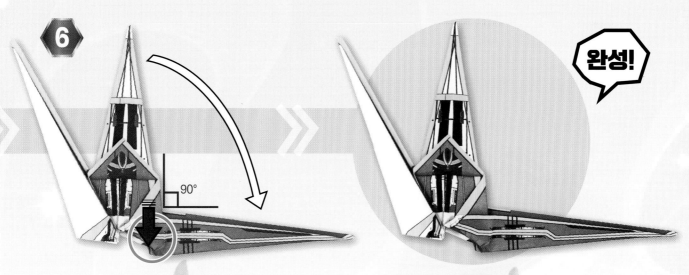

6

90°
쿡

90도가 되게 벌립니다. 벌린 후
파란 원 부분을 강하게 누릅니다.

완성!

오른쪽 어깨 블록 완성!

1~6번 과정을 반복하여
왼쪽 어깨 블록도 만듭니다.

2

[펼친 모습]

사진을 보고 왼쪽
어깨 블록을 가져옵니다.
흰색 날개를 좌우로 펼칩니다.

3

펼친 날개를 가슴 블록의
위 틈새에 넣습니다(★ **날개 조립** 참고).

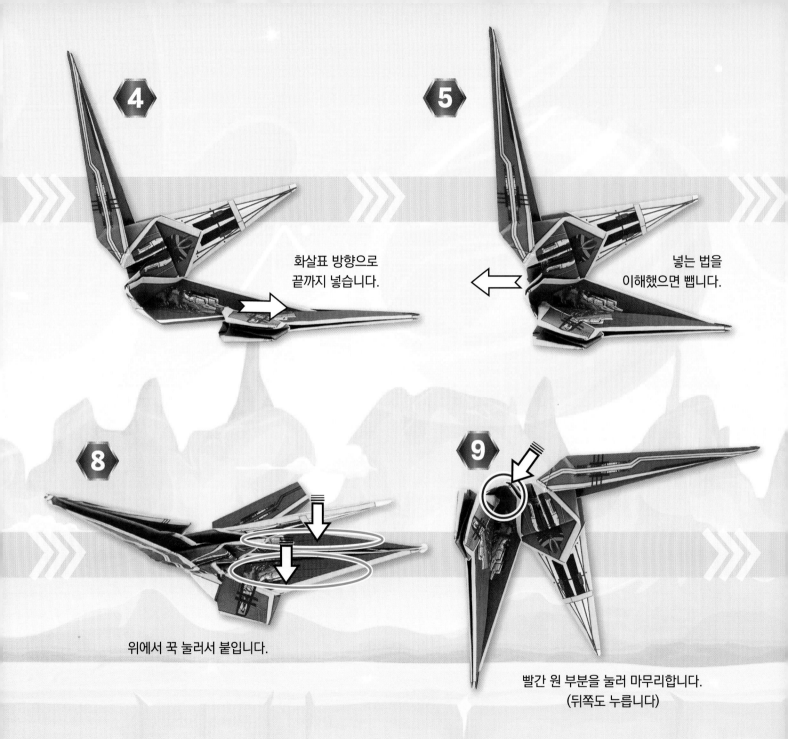

4

화살표 방향으로
끝까지 넣습니다.

5

넣는 법을
이해했으면 뺍니다.

8

위에서 꾹 눌러서 붙입니다.

9

빨간 원 부분을 눌러 마무리합니다.
(뒤쪽도 누릅니다)

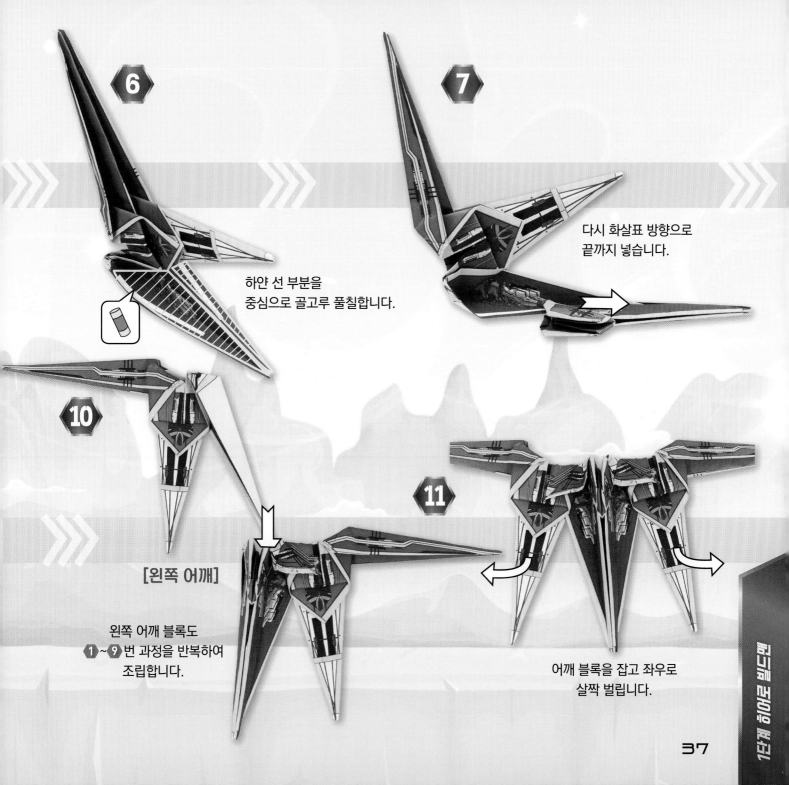

6

하얀 선 부분을
중심으로 골고루 풀칠합니다.

7

다시 화살표 방향으로
끝까지 넣습니다.

10

[왼쪽 어깨]

왼쪽 어깨 블록도
1~**9**번 과정을 반복하여
조립합니다.

11

어깨 블록을 잡고 좌우로
살짝 벌립니다.

37

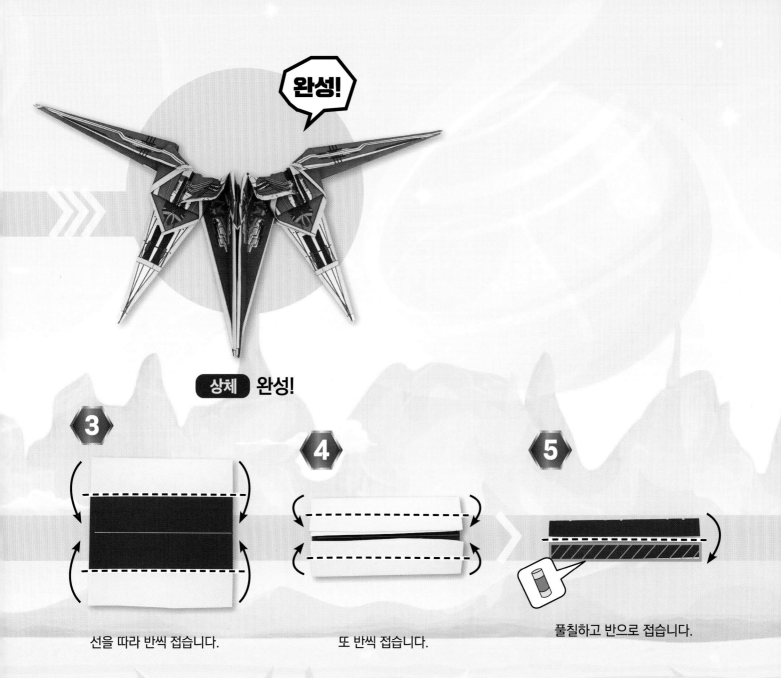

완성!

상체 완성!

3

선을 따라 반씩 접습니다.

4

또 반씩 접습니다.

5

풀칠하고 반으로 접습니다.

합체 상체 보강

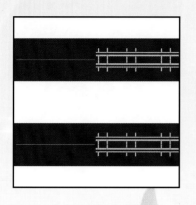

도안지 13쪽

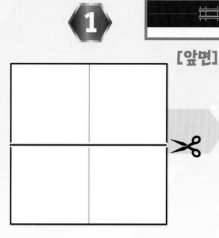

[앞면]

[앞면]

1 부품 도안지의 뒷면을
가위로 반 자릅니다.

2 부품 한 장을 풀칠하고
반으로 접습니다.

6 ②~⑤번 과정을 반복하여
상체 보강 부품을 1개 더 만듭니다.

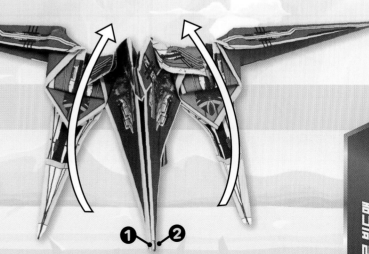

7 상체를 준비합니다.
❶번과 ❷번을 잡고 좌우로 벌립니다.

39

8

안쪽의 그림 부분에
풀칠합니다.

9

부품을 깊숙이 넣습니다.
풀이 굳을 때까지
꾹 잡아서 붙입니다.

10

[붙인 모습] 반대쪽도
풀칠을 해서 붙입니다.

완성!

상체 보강 완성!

하체

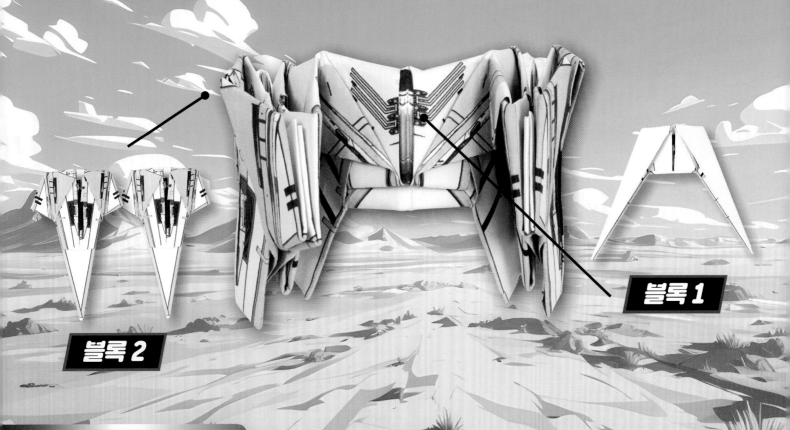

블록 2

블록 1

hero build-man

블록 1 하체 중심 블록

1

도안지 17쪽

하체 중심 도안지로 블록을
사진처럼 접습니다.

2

배 부분을 점선을 따라
가위로 자릅니다
(★ **배 자르고 반 접기** 참고).

6

배 부분을 점선을 따라 가위로 자릅니다
(★ **배 자르고 반 접기** 참고).

7

배를 안으로 접어 넣습니다.

완성!

하체 중심 블록 완성!

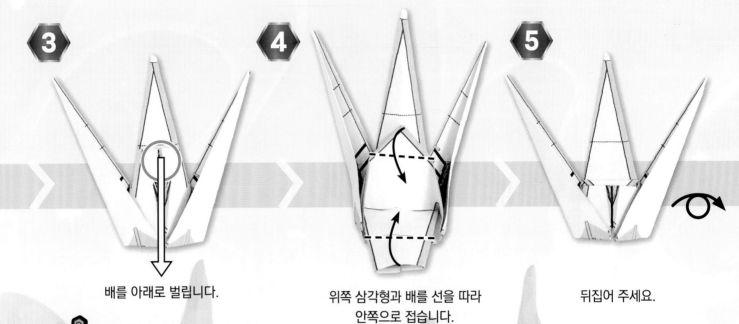

배를 아래로 벌립니다.

위쪽 삼각형과 배를 선을 따라
안쪽으로 접습니다.

뒤집어 주세요.

블록 2 허벅지 블록

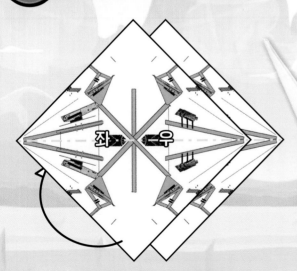

도안지 **21, 23쪽**

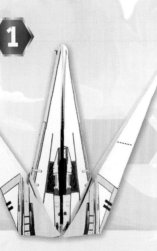

허벅지 도안지로 블록을
사진처럼 접습니다.

양 날개의 점선 부분을 자릅니다
(★ **날개 자르고 반 접기** 참고).

③

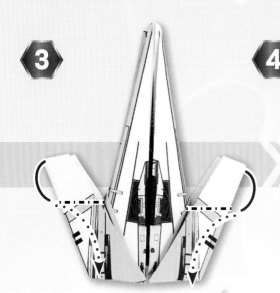

짧아진 날개를 안쪽으로
반 접어 넣습니다.

④

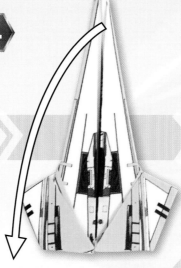

배를 아래로 벌립니다
(★ **배 반 접기** 참고).

⑤

선을 따라 위로 반 접습니다.

X2

완성!

허벅지 블록 완성!

①~⑤번 과정을 반복하여
허벅지 블록을 **1개 더** 만듭니다.

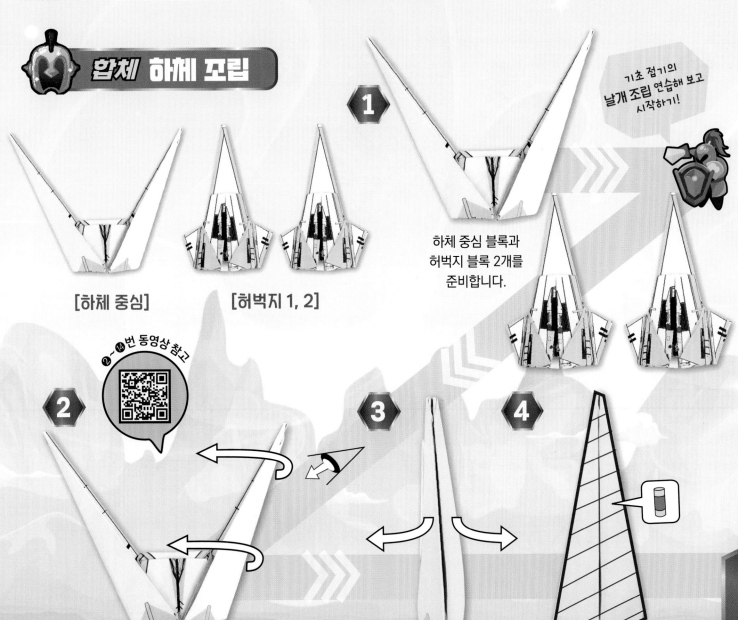

합체 하체 조립

기초 접기의
날개 조립 연습해 보고
시작하기!

[하체 중심]   [허벅지 1, 2]

1 하체 중심 블록과
허벅지 블록 2개를
준비합니다.

2 ②~⑭번 동영상 참고

하체 중심 블록의 날개 옆면이
보이게 옆으로 둡니다.

3 날개 바깥 부분을 좌우로
펼칩니다.

4 [펼친 모습]
풀칠합니다.

45

5

펼친 날개를 허벅지 블록의
틈새에 넣습니다(★ **날개 조립** 참고).

6

화살표 방향으로 끝까지 넣습니다.

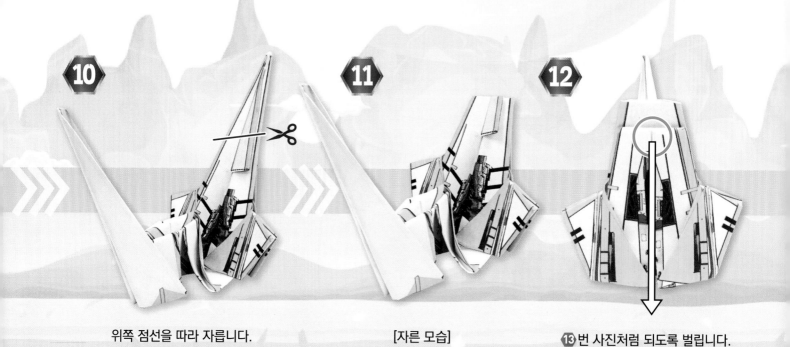

10

위쪽 점선을 따라 자릅니다.

11

[자른 모습]

12

⑬번 사진처럼 되도록 벌립니다.

7

[끝까지 넣은 모습]
풀이 붙게 누릅니다.

8

아래쪽 점선 부분을
가위로 자릅니다.

9

자른 윗부분을
평평하게 눕힙니다.

13

허벅지와 연결된 배를
안으로 접어 넣습니다.

14

①~⑬번 과정을 반복하여
반대쪽도 조립합니다.

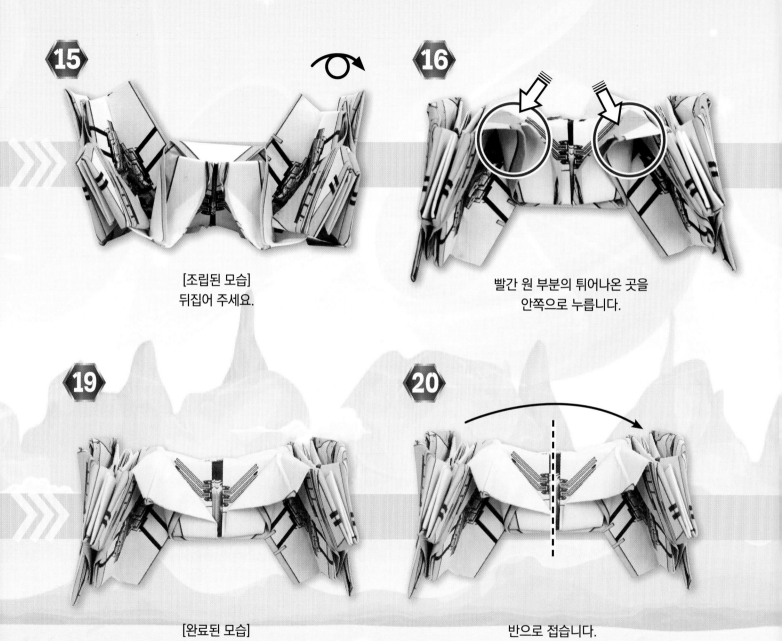

15

[조립된 모습]
뒤집어 주세요.

16

빨간 원 부분의 튀어나온 곳을
안쪽으로 누릅니다.

19

[완료된 모습]

20

반으로 접습니다.

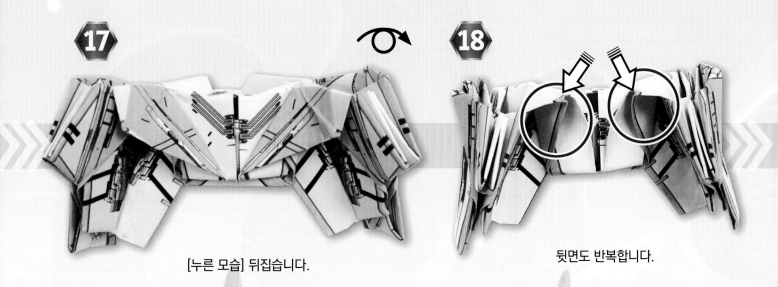

17

[누른 모습] 뒤집습니다.

18

뒷면도 반복합니다.

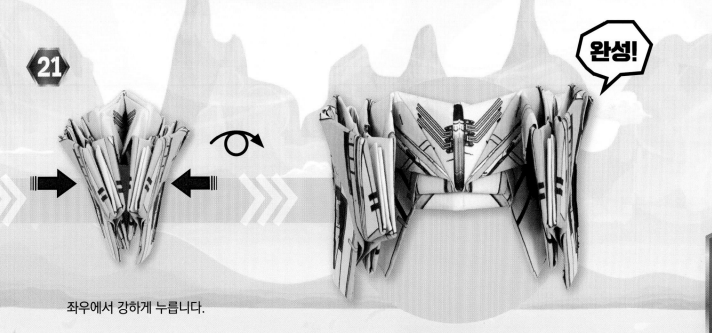

21

좌우에서 강하게 누릅니다.

완성!

하체 조립 완성!

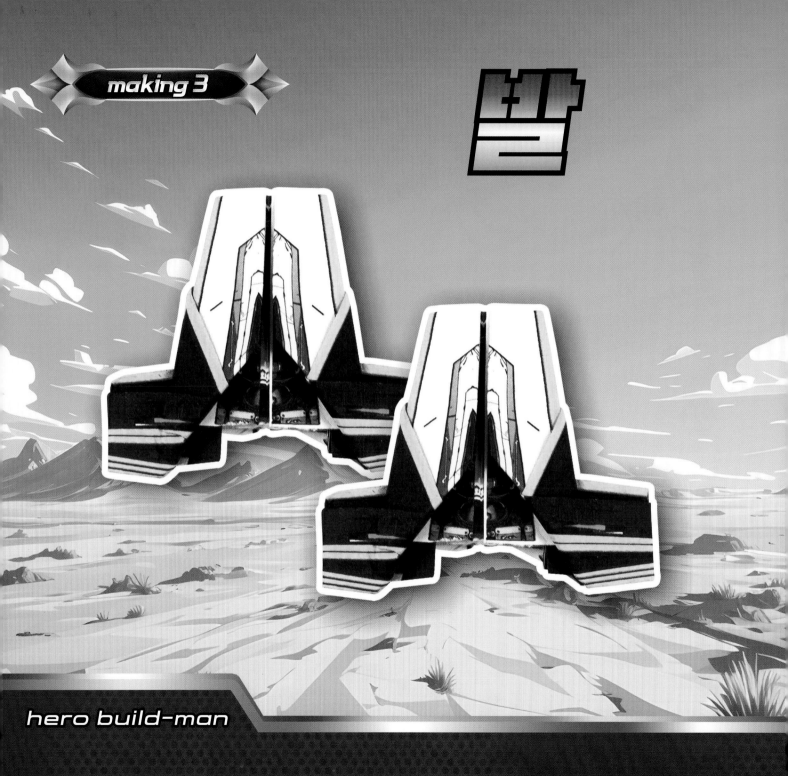

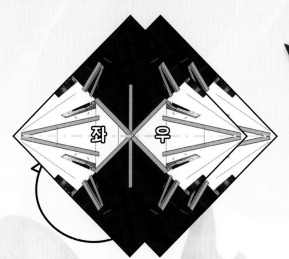

도안지 **29, 31**쪽

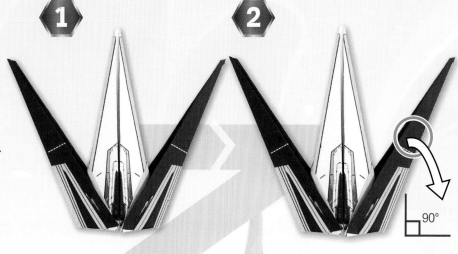

1 발 도안지로 블록을
사진처럼 접습니다.

2 한쪽 날개를 잡고 아래로 90도가 되
게 벌립니다(★ **날개 벌리기** 참고).

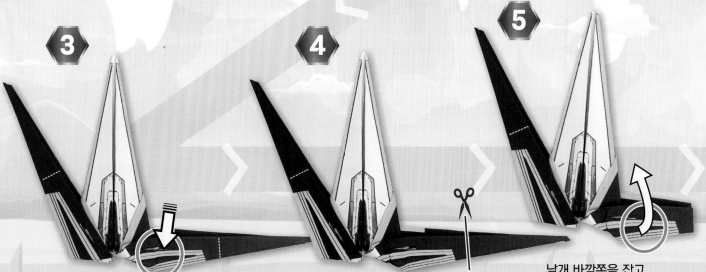

3 초록색 원 부분을 꾹 눌러
마무리합니다.

4 가위로 점선을 따라 자릅니다.

5 날개 바깥쪽을 잡고
윗면을 올립니다.

51

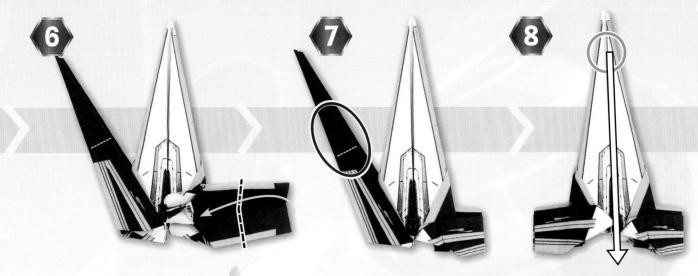

선을 따라 안으로 반 접습니다.

반대쪽 날개도 ②~⑥번 과정을
반복합니다.

배를 잡고 아래로 벌립니다.

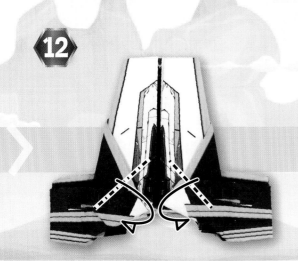

안쪽으로 대각선으로 접습니다
(★**마무리 접기** 참고).
뒷면도 반복합니다.

X2

완성!

발 블록 완성!

①~⑫번 과정을 반복하여
발 블록 1개를 더 만듭니다.

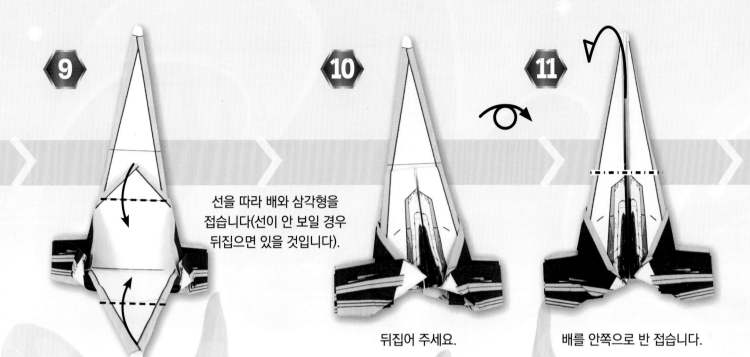

선을 따라 배와 삼각형을 접습니다(선이 안 보일 경우 뒤집으면 있을 것입니다).

뒤집어 주세요.

배를 안쪽으로 반 접습니다.

다음은 머리!

[H2]

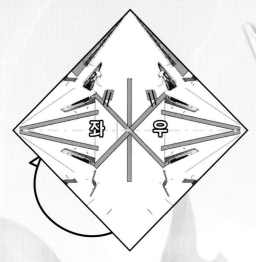

좌 우

도안지 37쪽

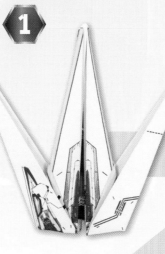

1

머리 블록 도안지로 블록을
사진처럼 접습니다.

2

'날개 자르고 반 접기'를 합니다.
점선을 따라 자르고 반을 접어 넣습니다.

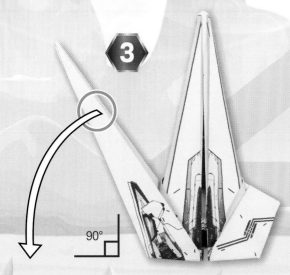

3

90°

왼쪽 날개를 잡고 90도가 되게
아래로 벌립니다(★**날개 벌리기** 참고).

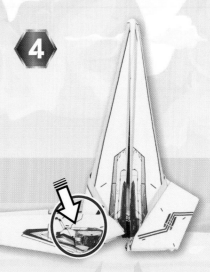

4

90도까지 벌렸으면 빨간 원 부분을
꾹 눌러 마무리합니다.

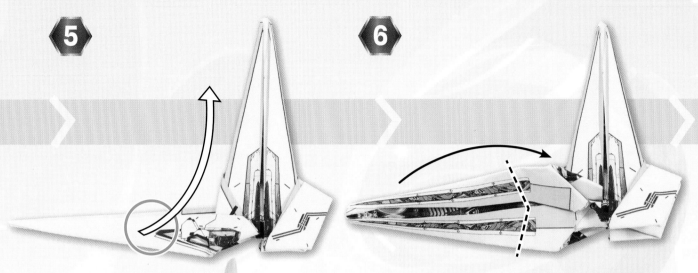

5

날개 윗면을 올립니다.

6

선을 따라 안으로 접습니다.

10

배를 잡고
위로 올립니다.

11

선을 따라 삼각형을
안쪽으로 접습니다.

12

대각선으로 안으로 접어 넣습
니다(★**마무리 접기** 참고).
뒷면도 반복합니다.

7

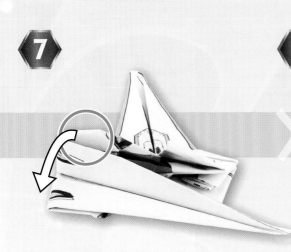

올린 면을 다시 내립니다.

8

뿔이 만들어졌습니다.
뿔을 잡고 살살 내립니다.

9

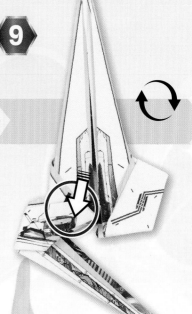

빨간 원 부분을 꾹 눌러
고정합니다. 돌려 주세요.

완성!

머리 블록 완성!

최종 합체

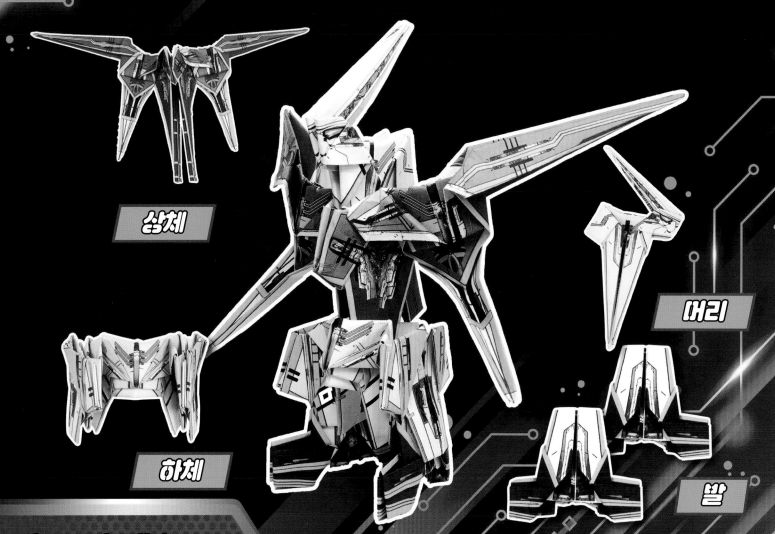

상체

머리

하체

발

hero build man

합체 상체 + 하체 조립

1 → 완성 동영상 참고

[상체]   [하체]

하체를 사진처럼 놓습니다.

사진처럼 2개의 틈새를
충분히 넓혀 주세요.

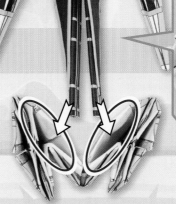

2개의 틈새에 상체를
넣습니다.

[넣는 모습]

59

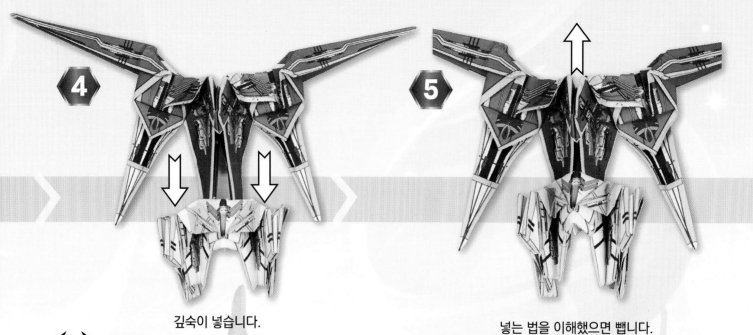

4

깊숙이 넣습니다.

5

넣는 법을 이해했으면 뺍니다.

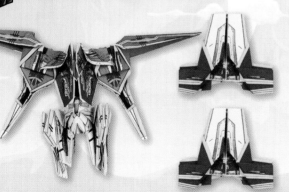

합체 발 꼬립

[상체+하체]   [발 1, 2]

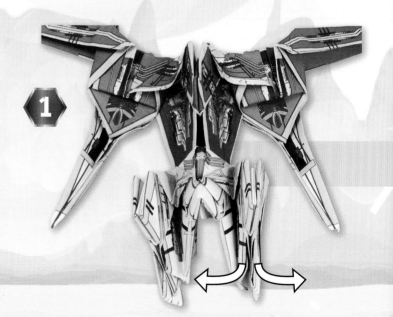

1

하체의 한쪽을
2번 사진처럼 벌립니다

60

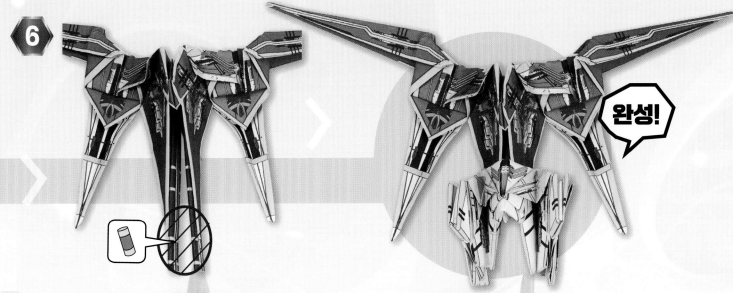

6

완성!

풀칠을 하고 **3**~**5** 번 과정을
반복합니다.

상체 + 하체 조립 완성!

2

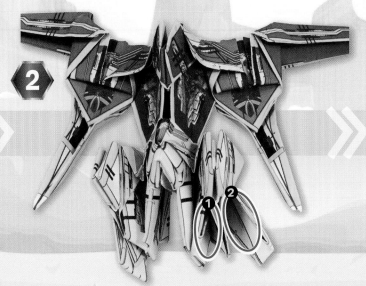

2개의 틈새를 기억합니다.

3

4 ❶ ❷

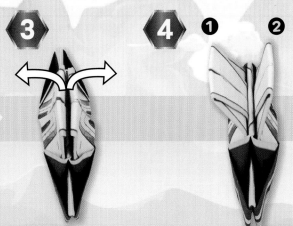

발 블록 하나를 가져와
좌우로 벌립니다.

사진의 ❶, ❷ 부분을
기억합니다.

5

발 블록의 1, 2번을
하체의 1, 2번 틈새에 넣습니다.

6

[넣은 모습]
반대쪽도 **1**~**5**번 과정을
반복합니다.

 합체 머리 꼬립

[몸통]

[머리]

1

머리 블록 아랫부분을
좌우로 벌립니다.

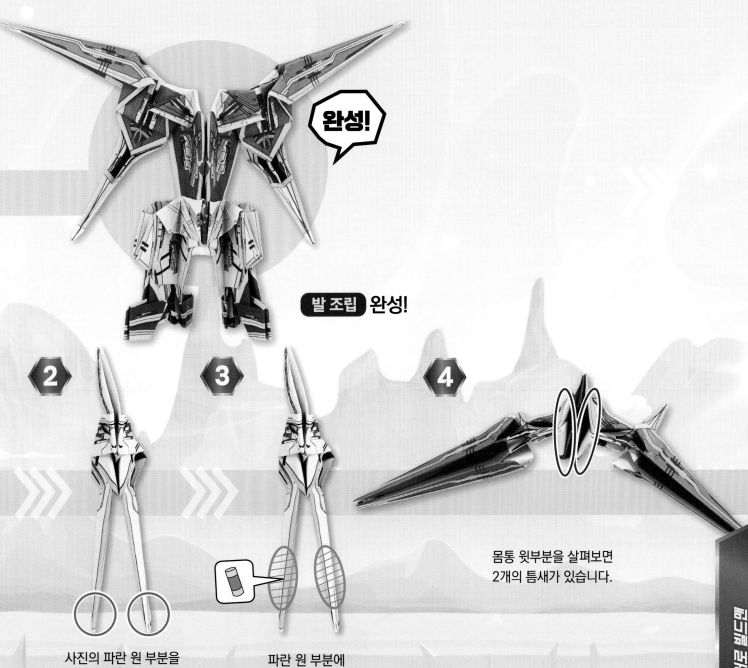

완성!

발 조립 완성!

2

3

4

사진의 파란 원 부분을
기억합니다.

파란 원 부분에
골고루 풀칠합니다.

몸통 윗부분을 살펴보면
2개의 틈새가 있습니다.

5

머리 블록의
풀칠한 부분을
몸통의 틈새에
하나씩 넣습니다.

최종 완성!

히어로 빌드맨
완성!

1단계 로봇을 완성했으니, 이제 2단계로 넘어가 볼까?

Paper Build

1 등 날개

2 다리 확장

메가 빌드 워리어

mega build warrior

히어로 빌드맨 진화! 빠르고
강한 다리로 일격에 킥을 날린다!

등 날개 & 다리 확장

블록 1

블록 2

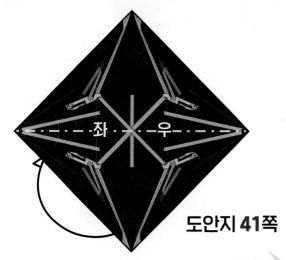

좌 · 우

도안지 41쪽

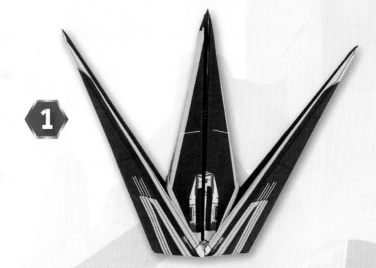

1

등 날개 블록 도안지로 블록을
사진처럼 접습니다.

2

가위로 점선을 따라 배를 자릅니다.
배를 안쪽으로 접어 넣습니다
(★**배 자르고 반 접기** 참고).

완성!

등 날개 **완성!**

블록 2 다리 확장 블록

1

다리 확장 도안지로 블록을
사진처럼 접습니다.

도안지 45, 47쪽

좌 · 우

2

'배 1자로 빼기'를 합니다.
배를 잡고 화살표 방향으로
90도 벌립니다.

5

배를 잡고 화살표 방향으로
완전히 넘깁니다.

70

6

양쪽의 튀어나온 부분을
안쪽으로 누릅니다.
뒤집어 주세요.

7

2~6번 과정을 반복하여
'배 1자로 빼기'를 합니다.

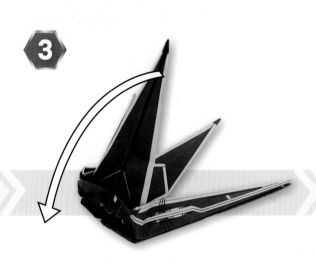

3

['배 1자로 빼기' 중간 과정]

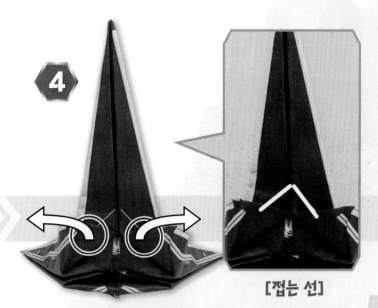

4

[접는 선]

빨간 원 부분을 잡고 접는 선을 참고하여
바깥쪽으로 뺍니다(⑤번 사진 참고).

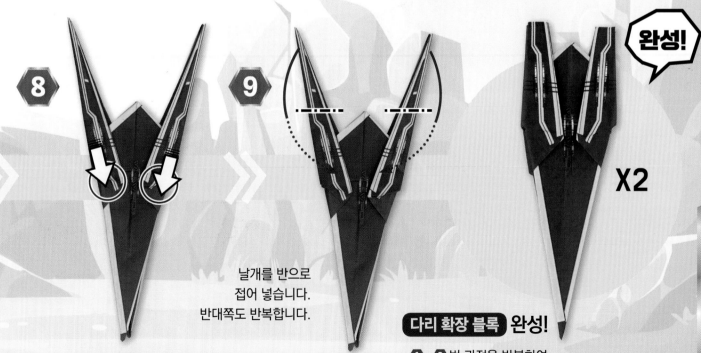

8

양쪽을 꾹 누릅니다.

9

날개를 반으로
접어 넣습니다.
반대쪽도 반복합니다.

완성!

X2

다리 확장 블록 완성!

①~⑨번 과정을 반복하여
다리 확장 블록을 1개 더 만듭니다.

making 2

최종 합체

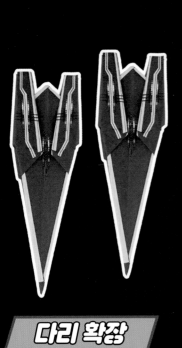

다리 확장

등 날개

합체 1 등 날개 꼬립

[1단계 로봇]

[등 날개]

1 로봇을 가져옵니다.
등쪽에 튀어나온 곳을
위로 올립니다.

2 반을 접어 넣은 날개를
밖으로 다시 꺼냅니다.

3 좌우로 펼칩니다.

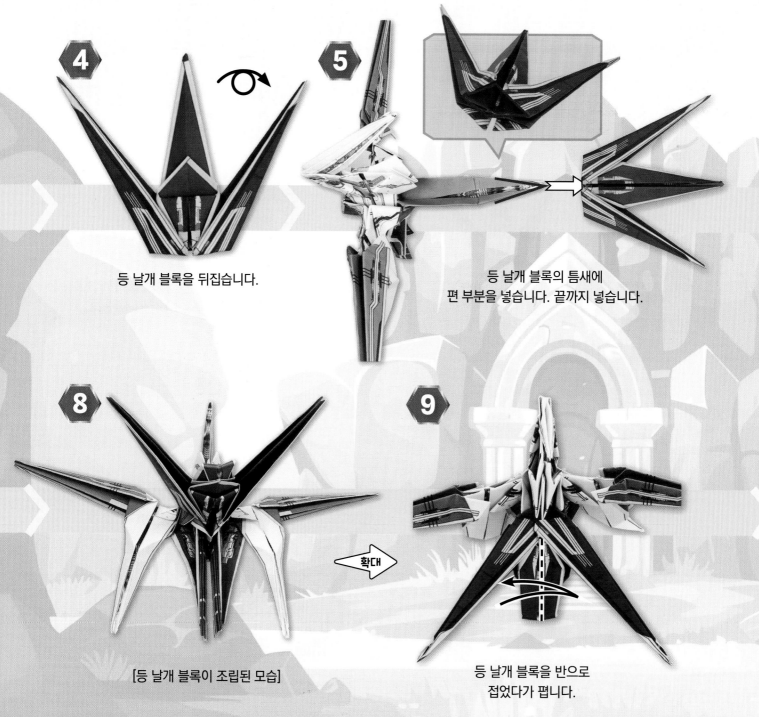

4

등 날개 블록을 뒤집습니다.

5

등 날개 블록의 틈새에
편 부분을 넣습니다. 끝까지 넣습니다.

8

[등 날개 블록이 조립된 모습]

9

확대

등 날개 블록을 반으로
접었다가 폅니다.

6

잡기 편하게 뒤집습니다. 빨간 원 부분을
잡고 위로 벌립니다.

*설명을 위해 상·하체를 분리했습니다.
상·하체를 분리하지 않아도 됩니다.

7

배를 반으로 접어서 넣습니다.

완성!

등 날개 조립 완성!

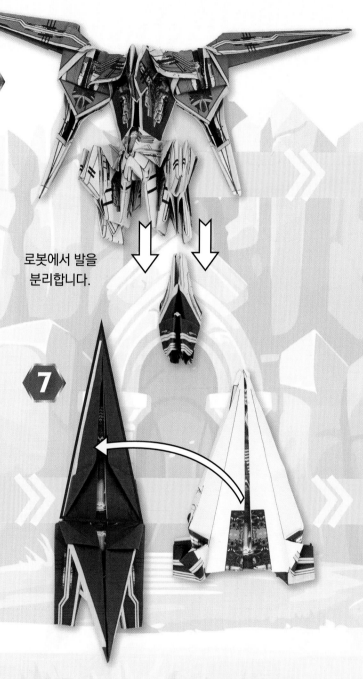

1

로봇에서 발을
분리합니다.

[다리 확장 1, 2]

5

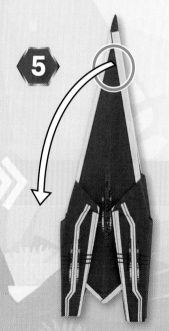

다리 확장 블록을 가지고 옵니다.
윗면(파란 원 부분)을 들어 올립니다.

6

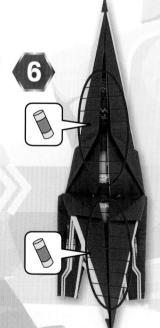

표시한 면에 골고루
풀칠합니다.

7

발 블록을 위에 올려서 붙입니다.

76

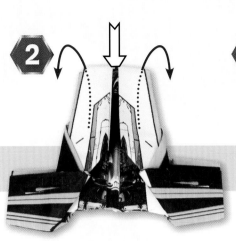

2

발 블록 안쪽에 접어 놓은
배를 폅니다. 앞뒤 다 폅니다.

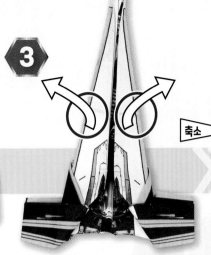

3

평평하게 했으면 좌우 면을 펼칩니다.
앞뒷면 다 펼칩니다.

축소

4

앞   뒤

[펼친 모습]

8

검은 면을 흰 면 위에 내립니다.
꾹 눌러서 붙입니다.

9

좌우에 벌려진 배를 가운데로
접어서 닫습니다. 앞뒷면 모두 접습니다.

10

배를 반으로 접어서 안쪽으로 넣습니다.
앞뒷면 모두 접습니다.

11

[다리 확장된 모습].
①~⑩번을 반복하여
남은 다리도 확장합니다.

최종 완성!

다리를 다시 결합하면

메가 빌드 워리어
완성!

Paper Build

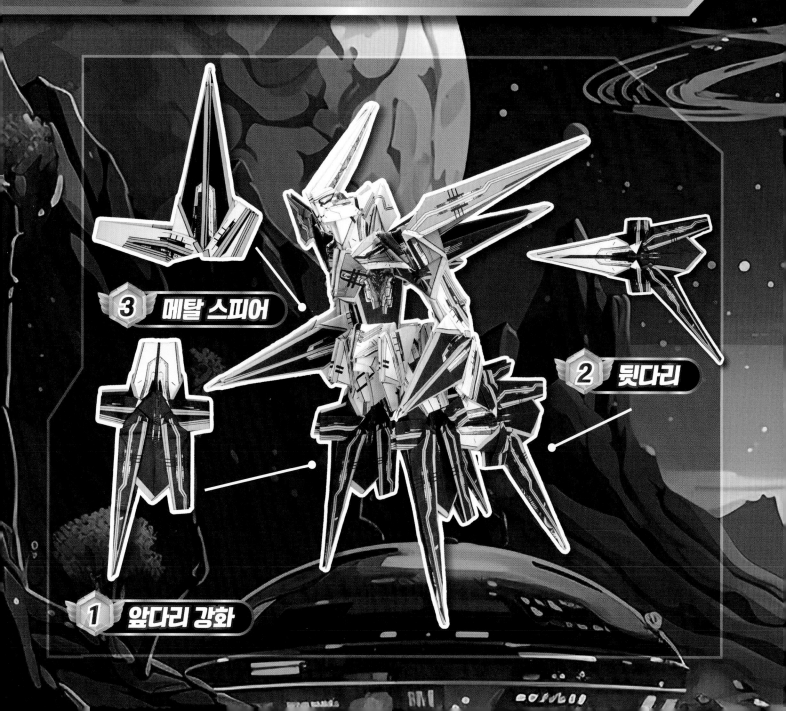

3 메탈 스피어

2 뒷다리

1 앞다리 강화

골리앗 페가수스
Goliath Pegasus

추진력을 강화한 4족 보행 다리!
특수 합금으로 만든 스피어로
어떤 물체도 파괴한다!

앞다리 강화

부품 1

Goliath Pegasus

부품 1 다리 강화 부품

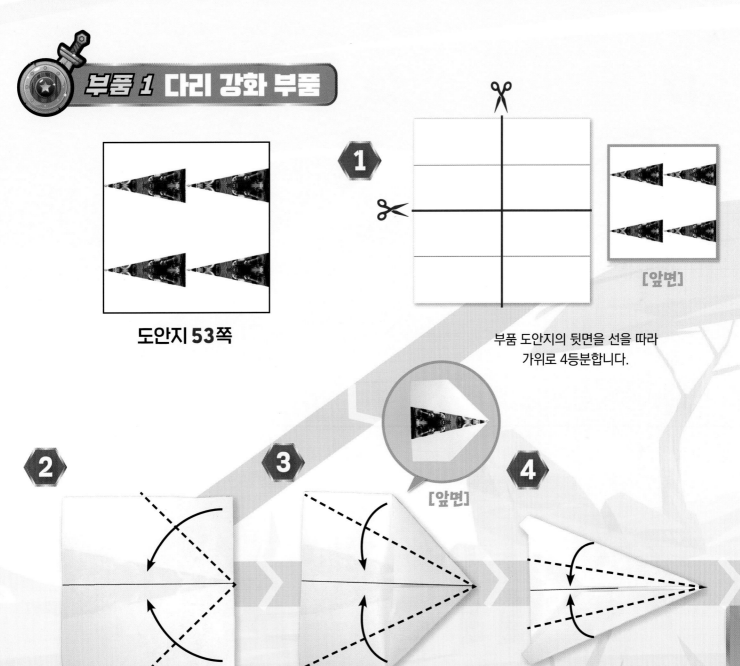

도안지 53쪽

1

부품 도안지의 뒷면을 선을 따라
가위로 4등분합니다.

[앞면]

[앞면]

2

부품 하나를 가운데 선에 맞추어
대각선으로 접습니다.

3

한 번 더 대각선으로 접습니다.

4

한 번 더 대각선으로 접습니다.

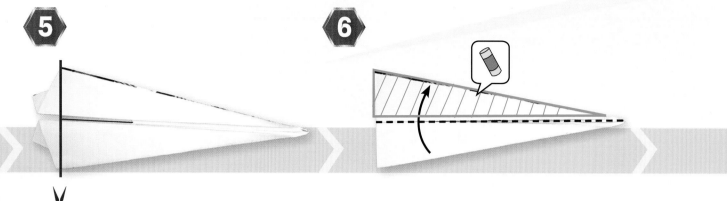

5

✂ 튀어나온 부분을 가위로 자릅니다.

6

풀칠하고 반으로 접습니다.

합체 **앞다리 강화**

[2단계 로봇]   [다리 강화 부품]

1

2단계 로봇의 다리 하나를
분리합니다.

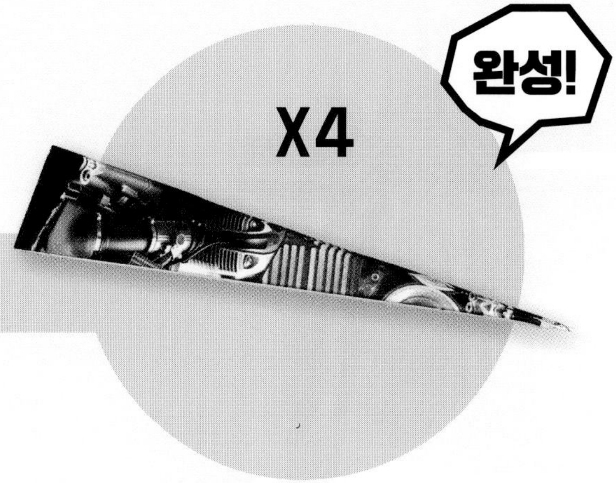

완성!

X4

다리 강화 부품 완성!

2 ~ 6 번 과정을 반복하여
다리 강화 부품을 3개 더 만듭니다.

2

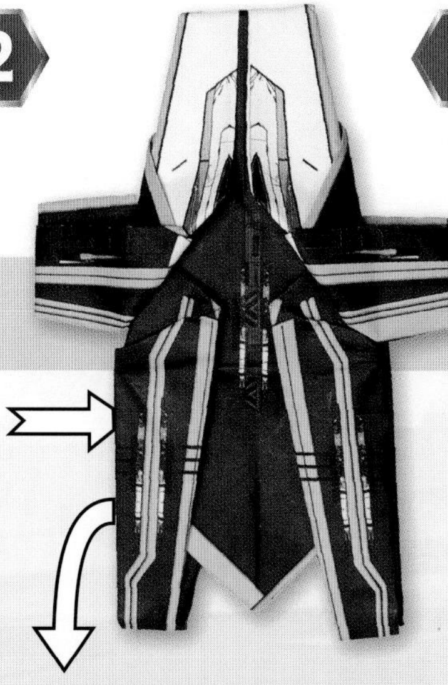

앞쪽에 반으로 접힌 부분을 폅니다.

3

좌우로 잡고
안쪽을 벌립니다.

4

안쪽에 골고루
풀칠합니다.

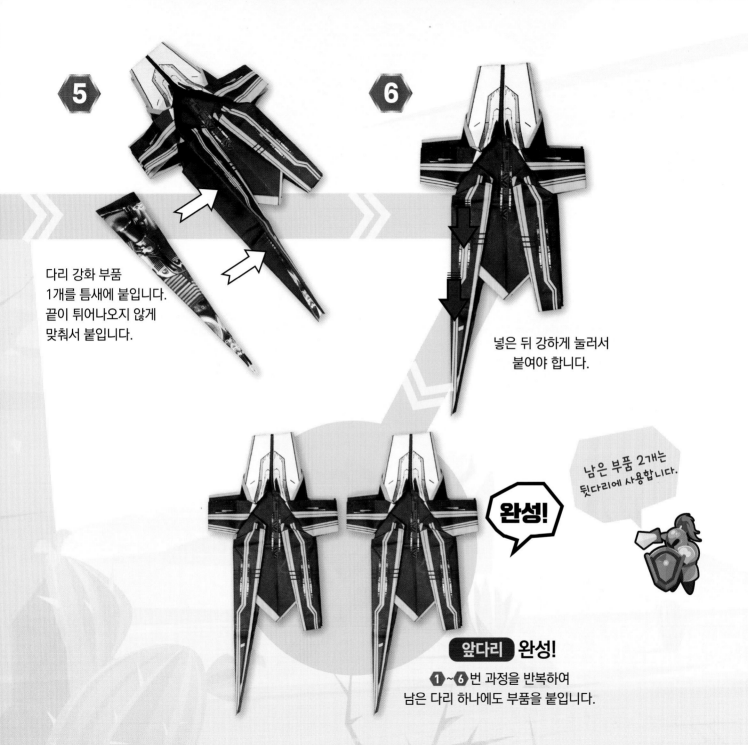

5

다리 강화 부품
1개를 틈새에 붙입니다.
끝이 튀어나오지 않게
맞춰서 붙입니다.

6

넣은 뒤 강하게 눌러서
붙여야 합니다.

완성!

남은 부품 2개는
뒷다리에 사용합니다.

앞다리 완성!

1~**6**번 과정을 반복하여
남은 다리 하나에도 부품을 붙입니다.

making 2

뒷다리

블록 1

부품 1

블록 2

Goliath Pegasus

블록 1 뒷다리 블록

1

뒷다리 도안지로 블록을
사진처럼 접습니다.

도안지 57, 59쪽

2

한쪽 날개를 잡고 아래로
90도가 되게 벌립니다
(★ **날개 벌리기** 참고).

6

선을 따라 안으로 반 접습니다.

7

반대쪽 날개도 **2**~**6**번 과정
을 반복합니다.

8

배 부분을 좌우로 펼칩니다.
앞뒷면 모두 펼칩니다.

파란 원 부분을 꾹 눌러
마무리합니다.

가위로 점선을 따라 자릅니다.

날개 바깥쪽을 잡고
윗면을 올립니다.

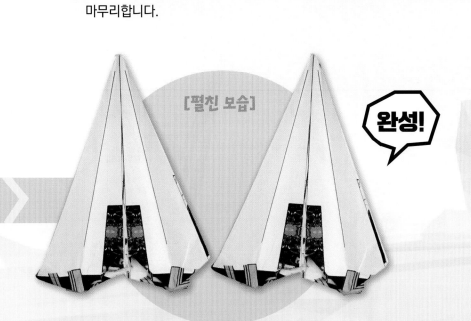

[펼친 보습]

완성!

뒷다리 블록 완성!

❶~❽ 번 과정을 반복하여 뒷다리
블록을 하나 더 만듭니다.

블록 2 뒷발 블록

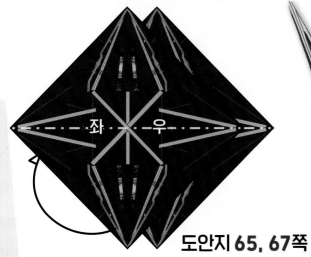

도안지 65, 67쪽

①
뒷발 도안지로 블록을
사진처럼 접습니다.

②
'배 1자로 빼기'를 합니다.
배를 잡고 화살표 방향으로
90도 벌립니다.

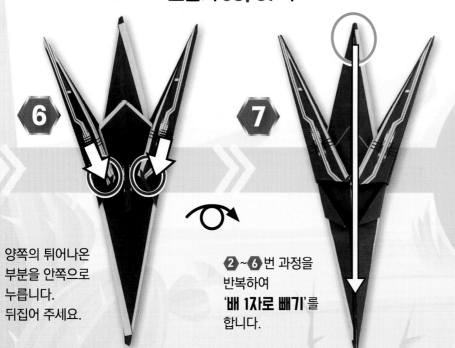

⑥
양쪽의 튀어나온
부분을 안쪽으로
누릅니다.
뒤집어 주세요.

⑦
②~⑥번 과정을
반복하여
'배 1자로 빼기'를
합니다.

완성!

X2

뒷발 블록 완성!

①~⑦번 과정을 반복하여
뒷발 블록을 1개 더 만듭니다.

3

[중간 과정]

4

빨간 원 부분을 잡고 접는 선을
참고하여 바깥쪽으로 뺍니다
(**5**번 사진 참고).

[접는 선]

5

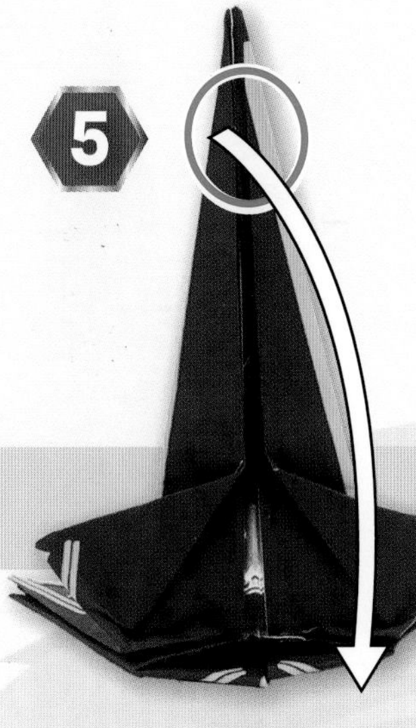

배를 잡고 화살표 방향으로
완전히 넘깁니다.

합체 뒷다리 + 뒷발

[뒷발 1, 2]

[뒷다리 1, 2]

[다리 강화 부품]

1

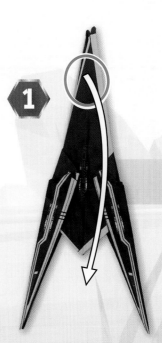

뒷발 블록을 하나 준비합니다.
파란 원 부분을 들어 올립니다.

3단계 조립하기

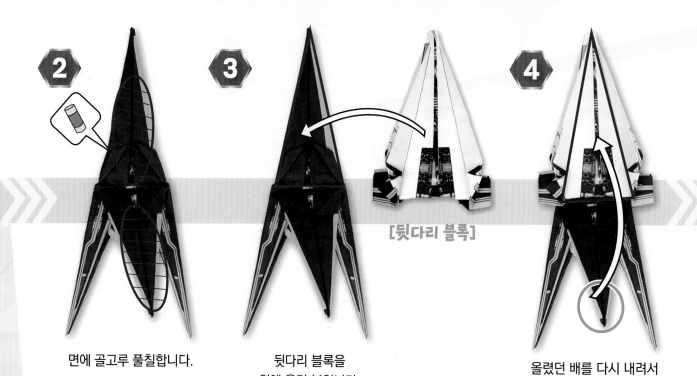

2 면에 골고루 풀칠합니다.

3 뒷다리 블록을
위에 올려 붙입니다.

[뒷다리 블록]

4 올렸던 배를 다시 내려서
흰 면 위에 붙입니다.

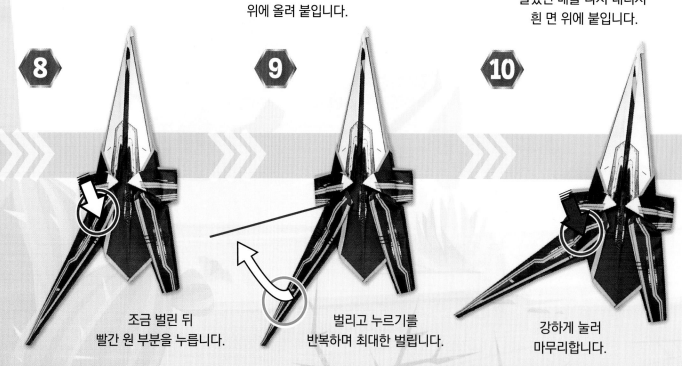

8 조금 벌린 뒤
빨간 원 부분을 누릅니다.

9 벌리고 누르기를
반복하며 최대한 벌립니다.

10 강하게 눌러
마무리합니다.

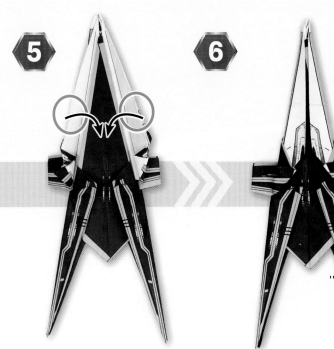

5

좌우로 펼쳤던 부분을 다시
가운데로 접어서 닫습니다.
앞뒷면 모두 접습니다.

6

오른쪽 날개를
안으로 반 접습니다.

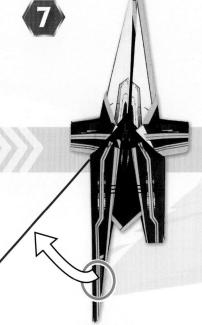

7

왼쪽 날개를 조금씩 벌립니다.

11

날개 윗면을 잡고
위로 벌립니다.

12

안에 풀칠합니다.
85p에서 남은 다리 강화
부품을 넣어 붙입니다.

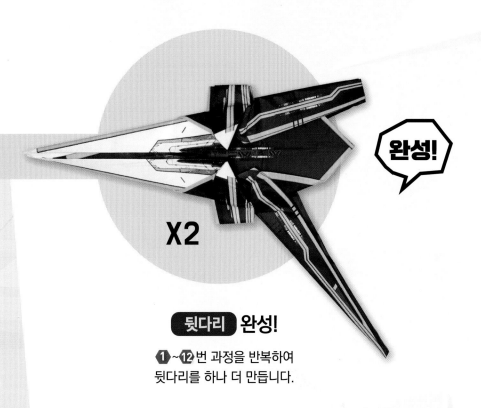

X2

완성!

뒷다리 완성!

①~⑫번 과정을 반복하여
뒷다리를 하나 더 만듭니다.

메탈 스피어

Goliath Pegasus

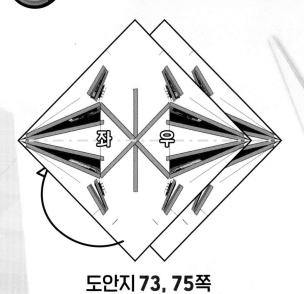

좌 우

도안지 73, 75쪽

1

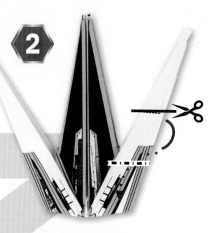

메탈 스피어 블록 도안지로
블록을 사진처럼 접습니다.

2

'날개 자르고 반 접기'를
합니다.

3

90°

접지 않은 왼쪽 날개를 90도로
아래로 벌립니다.

4

날개를 안에 반으로 접어 넣습
니다(★날개 반 접기 참고).

완성!

X2

메탈 스피어 블록 완성!

1~4번 과정을 반복하여
메탈 스피어 블록을 1개 더 만듭니다.

96

최종 합체

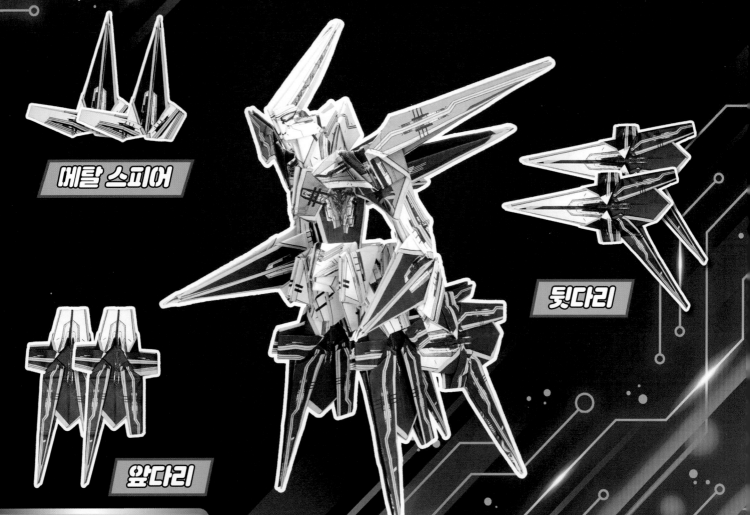

메탈 스피어

뒷다리

앞다리

Goliath Pegasus

완성 동영상 참고

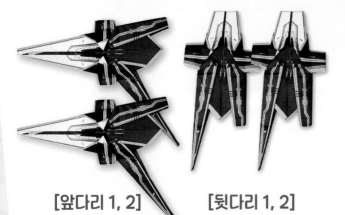

[앞다리 1, 2]　　　[뒷다리 1, 2]

1 앞다리, 뒷다리를 준비합니다.

3 [예시]
틈새는 통과가 됩니다.

4 뒷다리의 흰 부분 끝에만
풀칠합니다. 앞뒤로 풀칠합니다.

98

2

확대

앞다리를 가져옵니다.
가운데를 가로지르는 틈새를 기억합니다.

5

축소

앞다리 틈새에 뒷다리를 넣습니다.

6

뒷다리 끝이 삐져나오지
않게 주의합니다.

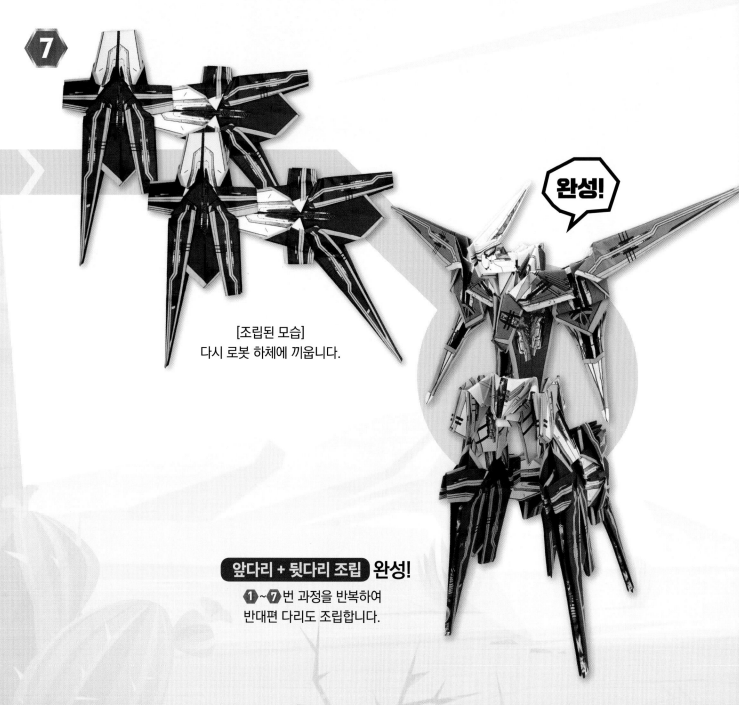

7

완성!

[조립된 모습]
다시 로봇 하체에 끼웁니다.

앞다리 + 뒷다리 조립 완성!
1~**7**번 과정을 반복하여
반대편 다리도 조립합니다.

합체 메탈 스피어 꼬립

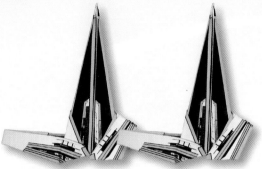

[메탈 스피어 1, 2]

1

본체와 메탈 스피어 블록 2개를
준비합니다. 상체는 분리하지 않아도 됩니다.

2

본체의 팔 부분을
반으로 접어서 위에 넣습니다.

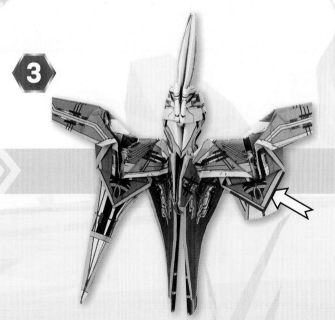

3

사진처럼 삼각형 뒤쪽의
공간에 접어 넣습니다.

101

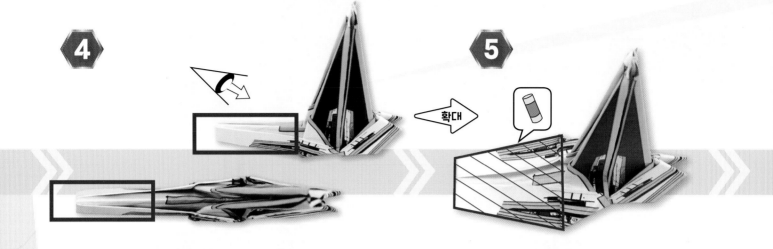

메탈 스피어 블록을 가져옵니다.
표시한 부분을 납작하게 폅니다(**5**번 사진 참고).

[편 모습]
앞뒤로 골고루 풀칠합니다.

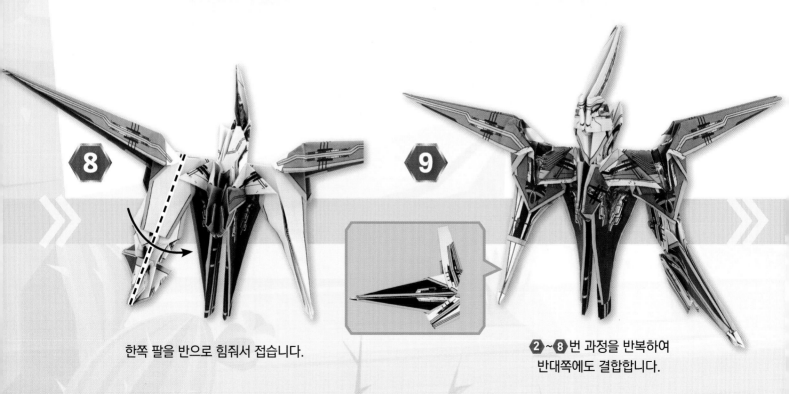

한쪽 팔을 반으로 힘줘서 접습니다.

②~**⑧**번 과정을 반복하여
반대쪽에도 결합합니다.

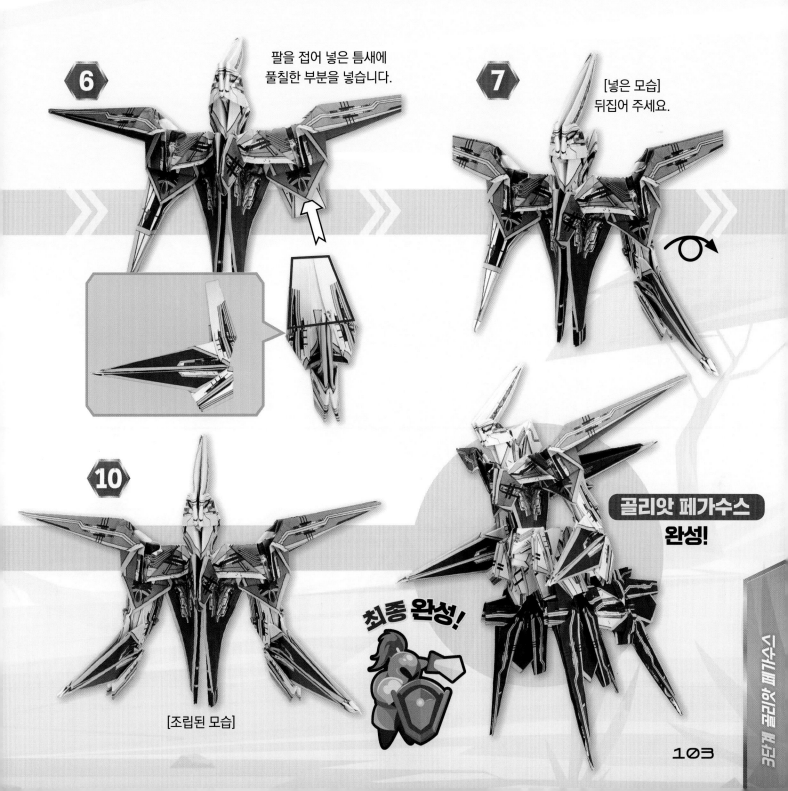

6 팔을 접어 넣은 틈새에
풀칠한 부분을 넣습니다.

7 [넣은 모습]
뒤집어 주세요.

10 [조립된 모습]

최종 완성!

골리앗 페가수스
완성!

Paper Build

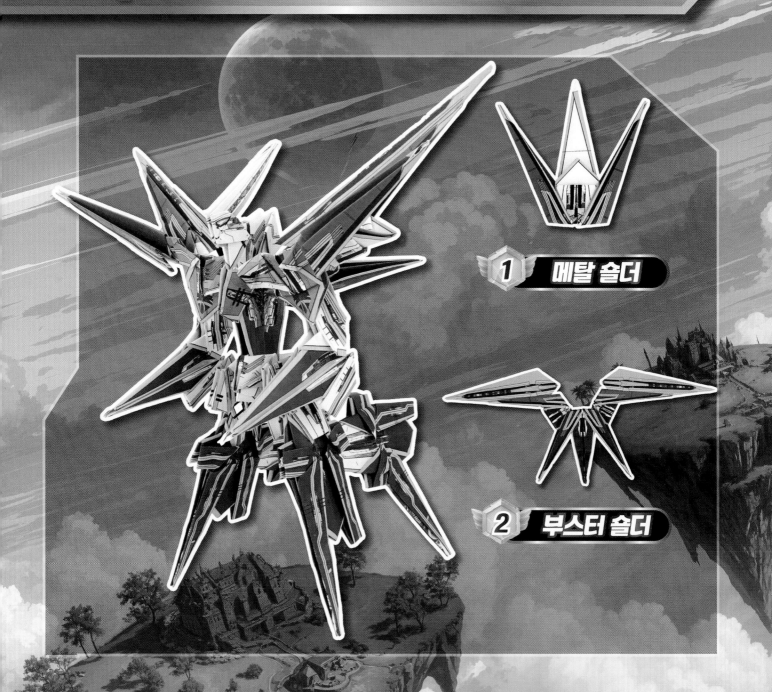

1 메탈 숄더

2 부스터 숄더

4단계

기간틱 골리앗 페가수스
Gigantic Goliath Pegasus

메탈 숄더와 부스터
숄더 장착! 더 거대하고 더 빨라진
로봇을 막을 적은 없다!

메탈 쏠더

Gigantic Goliath
Pegasus

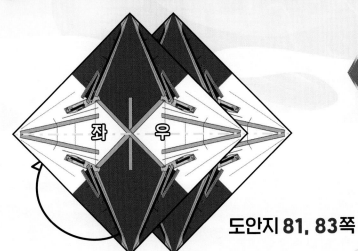

도안지 81, 83쪽

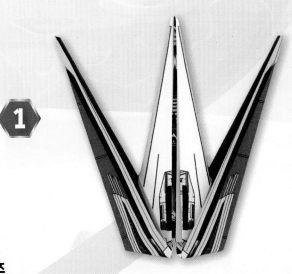

1

메탈 숄더 블록 도안지로 블록을
사진처럼 접습니다.

완성!

2

가위로 배를 자릅니다
(★배 자르고 반 접기 참고).

3

배를 안으로 접어 넣습니다.

X2

메탈 숄더 블록 완성!

1~**3**번 과정을 반복하여
메탈 숄더 블록을 1개 더 만듭니다.

부스터 숄더

부품 1

블록 1

Gigantic Goliath
Pegasus

블록 1 부스터 쇼더 블록

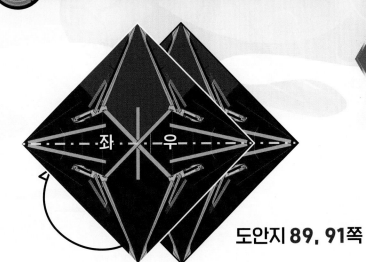

도안지 **89, 91**쪽

1

부스터 쇼더 블록 도안지로 블록을
사진처럼 접습니다.

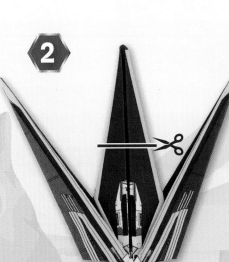

2

배를 가위로 반 자릅니다
(★**배 자르고 반 접기** 참고).

3

배를 아래로 벌립니다.

4

선을 따라 삼각형과 배를
안쪽으로 접습니다.

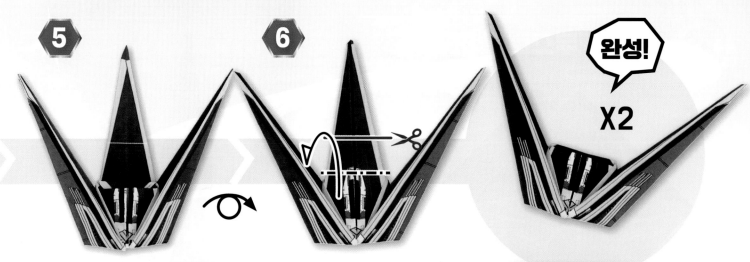

5 뒤집어 주세요.

6 '배 자르고 반 접기'를 합니다.

완성! X2

부스터 숄더 블록 완성!

❶~❻번 과정을 반복하여 부스터 숄더 블록을 1개 더 만듭니다.

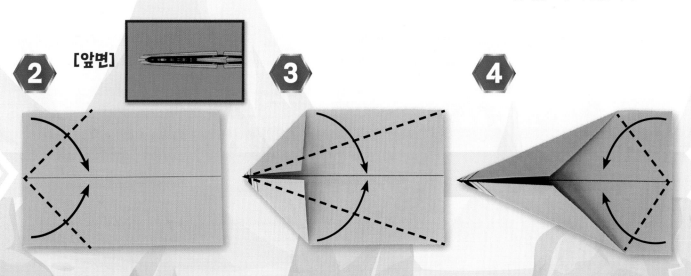

[앞면]

2 부품을 가운데 선에 맞추어 대각선으로 접습니다.

3 대각선으로 한 번 더 접습니다.

4 반대쪽을 대각선으로 접습니다.

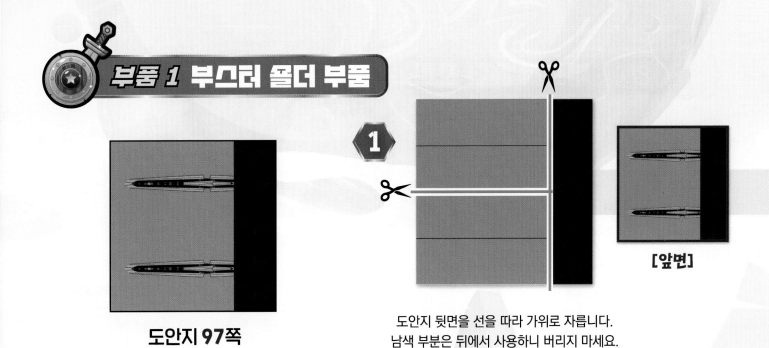

1

도안지 97쪽

[앞면]

도안지 뒷면을 선을 따라 가위로 자릅니다.
남색 부분은 뒤에서 사용하니 버리지 마세요.

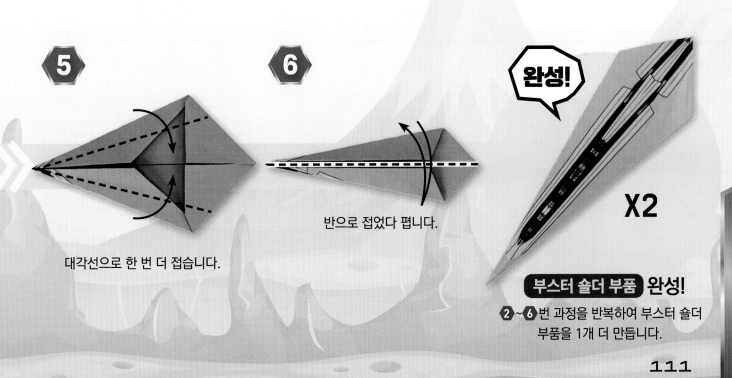

5

대각선으로 한 번 더 접습니다.

6

반으로 접었다 폅니다.

완성!

X2

부스터 숄더 부품 완성!

2~**6**번 과정을 반복하여 부스터 숄더
부품을 1개 더 만듭니다.

합체 부스터 숄더 조립

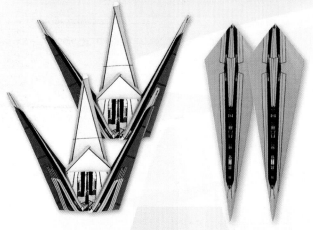

[부스터 숄더 1, 2]　　[부스터 숄더 부품]

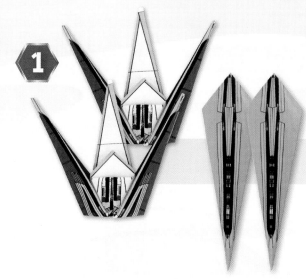

블록 2개, 부품 2개를 준비합니다.

4

접어 넣었던
부분을 폅니다.

5

등 날개 블록을
분리합니다.

❸~⓾번 동영상 참고

2

로봇의 상체 뒤쪽을 봅니다.
검은색 날개(등 날개 블록)를
분리하겠습니다.

3

배 반 접은 부분을
위로 벌립니다.

6

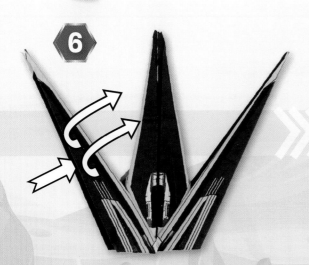

왼쪽 날개를 벌립니다.

7

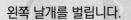

안쪽 골고루 풀칠합니다.

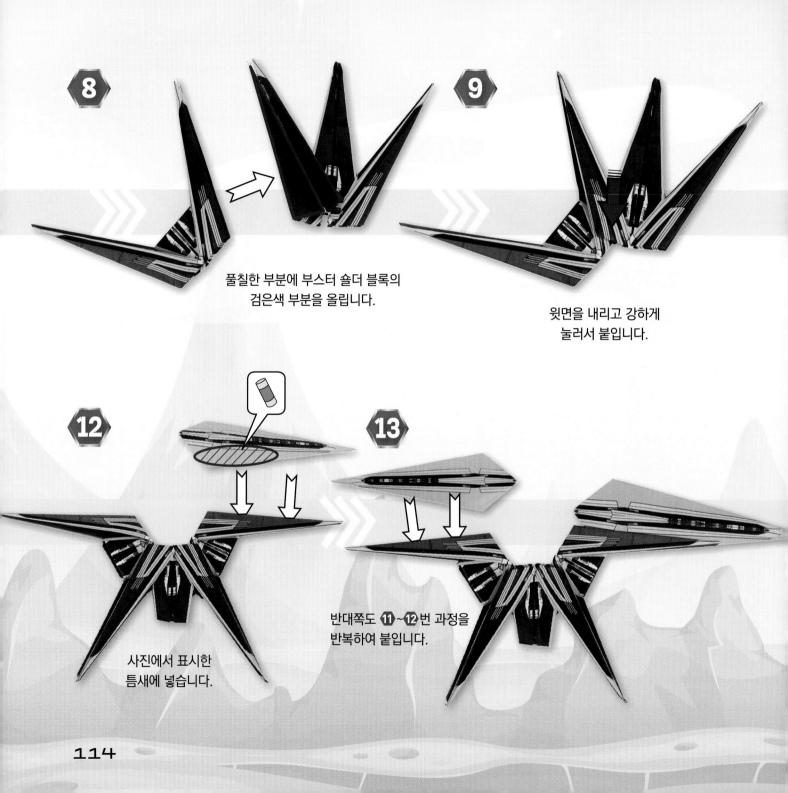

풀칠한 부분에 부스터 숄더 블록의
검은색 부분을 올립니다.

윗면을 내리고 강하게
눌러서 붙입니다.

사진에서 표시한
틈새에 넣습니다.

반대쪽도 ⑪~⑫번 과정을
반복하여 붙입니다.

10

반대쪽 날개에도 **6**~**9**번 과정을 반복하여
남은 부스터 숄더 블록을 붙입니다.

11

부품의 한쪽 회색 면에
풀칠합니다.

완성!

부스터 숄더 완성!

최종 합체

에탈 숄더

부스터 숄더

부품 2

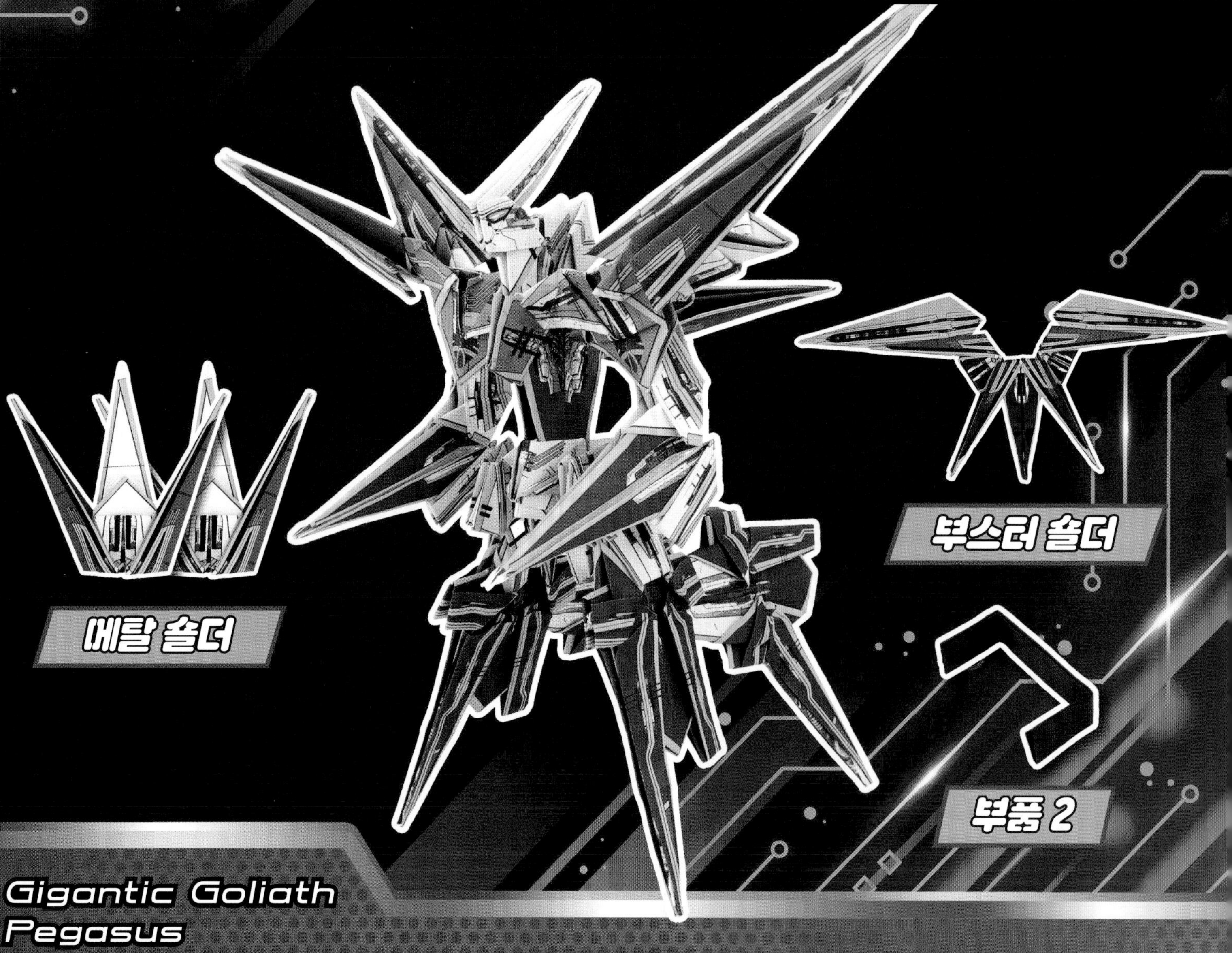

Gigantic Goliath Pegasus

합체 메탈 숄더 꼬립

[3단계 로봇]

[메탈 숄더 1, 2]

1

메탈 숄더 블록과 로봇을 준비합니다.

*설명을 위해 상체를 분리했습니다.
하체와 팔을 분리하지 않아도 됩니다.

2

로봇의 보라색 날개 한쪽을 좌우로 벌립니다.

3

[벌린 모습]

4

벌린 날개를 블록의 위 틈새에
넣습니다.

7

가위로 배를 자릅니다
(★**배 자르고 반 접기** 참고).

8

배를 안으로
접어 넣습니다.

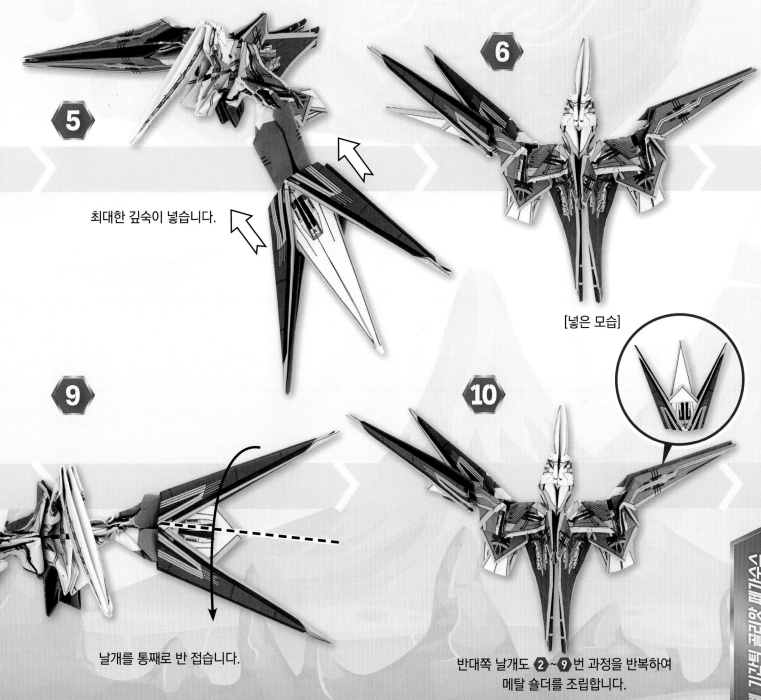

5

최대한 깊숙이 넣습니다.

6

[넣은 모습]

9

날개를 통째로 반 접습니다.

10

반대쪽 날개도 **2**~**9** 번 과정을 반복하여
메탈 솔더를 조립합니다.

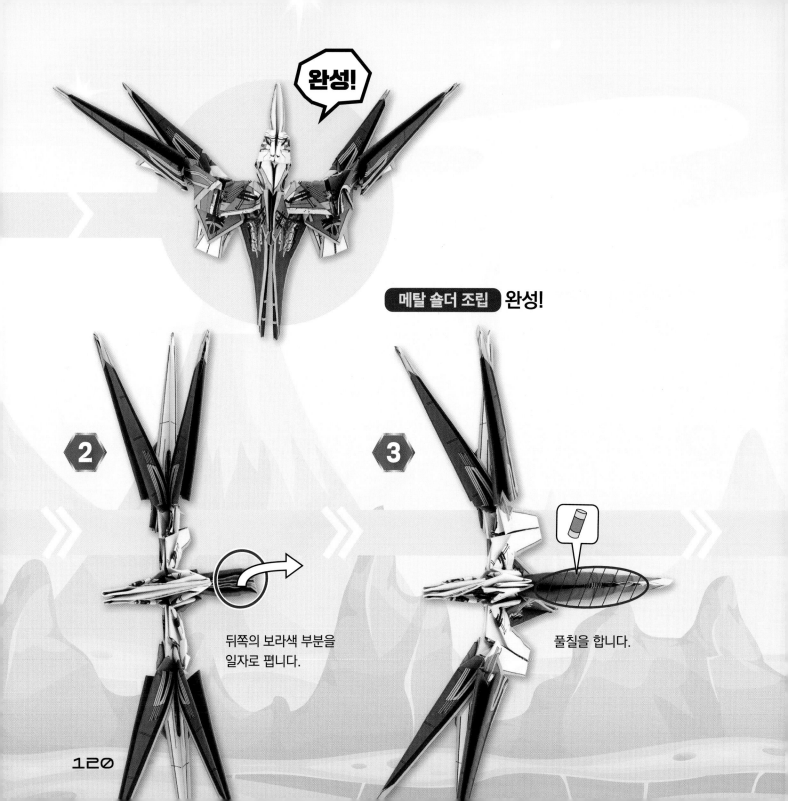

완성!

메탈 숄더 조립 완성!

2

뒤쪽의 보라색 부분을
일자로 폅니다.

3

풀칠을 합니다.

[부스터 숄더]

[3단계 로봇]

1

본체와 부스터 숄더를 준비합니다.
다리를 분리하고 붙이면 편합니다.

4

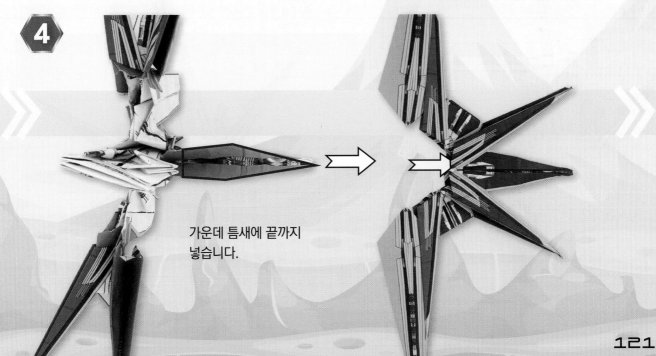

가운데 틈새에 끝까지
넣습니다.

121

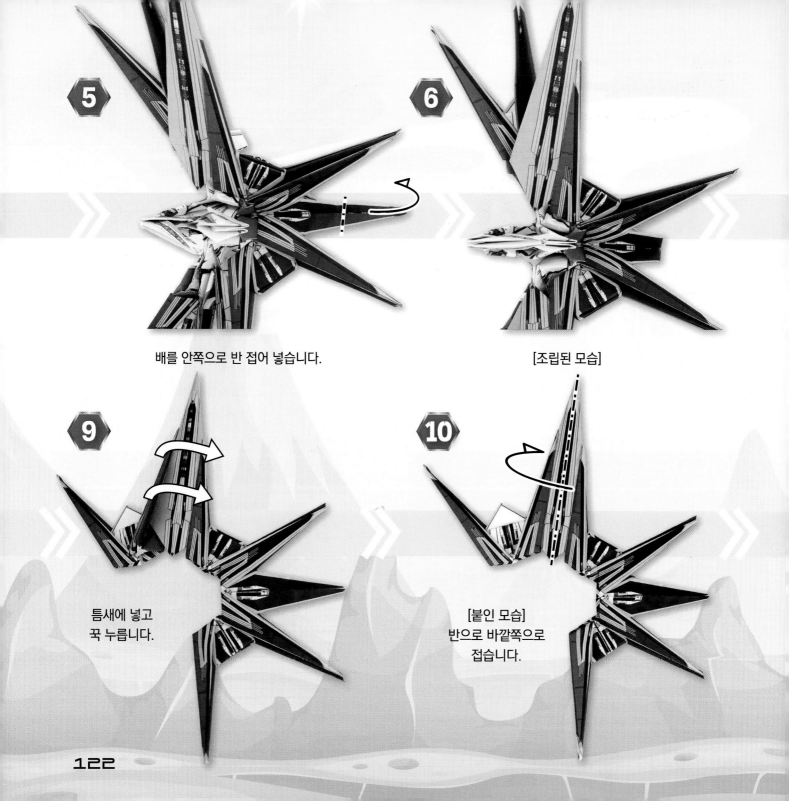

5

배를 안쪽으로 반 접어 넣습니다.

6

[조립된 모습]

9

틈새에 넣고
꾹 누릅니다.

10

[붙인 모습]
반으로 바깥쪽으로
접습니다.

7

축소 →

부품의 회색 부분에 풀칠합니다.
메탈 숄더의 틈새에 넣습니다.

8

풀칠한 부분을
틈새에 넣어서 붙입니다.

완성!

부스터 숄더 조립 완성!

반대쪽도 6~10번 과정을 반복합니다.
하체를 분리했다면 결합합니다.

합체 다리 고정

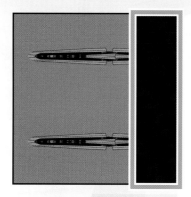

도안지 97쪽

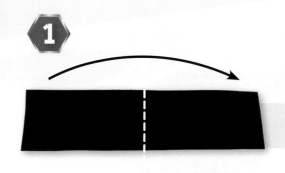

1

111p에서 쓰고 남은 나머지 부품을
준비합니다. 반으로 접습니다.

5

다리 고정 부품입니다.

6

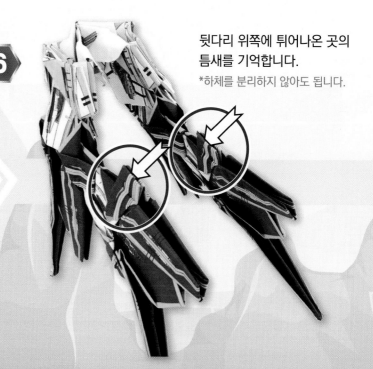

뒷다리 위쪽에 튀어나온 곳의
틈새를 기억합니다.
*하체를 분리하지 않아도 됩니다.

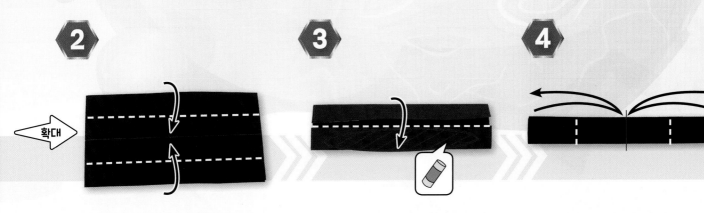

2 가운데를 기준으로 반씩 접습니다.

3 풀칠하고 반으로 접습니다.

4 가운데 선을 기준으로
반씩 접었다 폅니다.

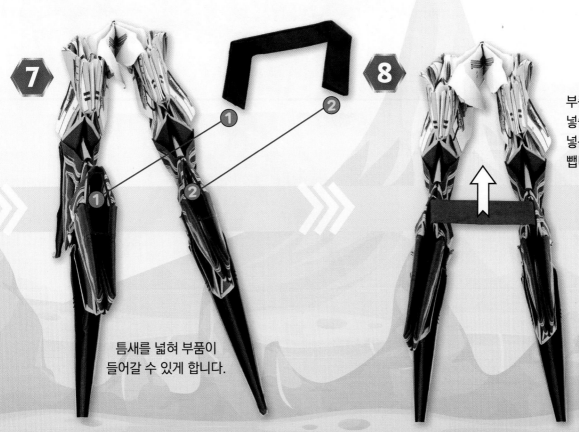

7 틈새를 넓혀 부품이
들어갈 수 있게 합니다.

8 부품을 한쪽씩
넣습니다.
넣는 법을 익혔으면
뺍니다.

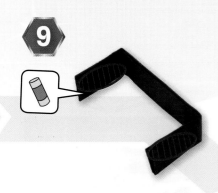

9

부품 양쪽에 풀칠하고
8번 과정을 반복하여 다시 조립합니다.

최종 완성!

**기간틱 골리앗 페가수스
완성!**

Paper Build

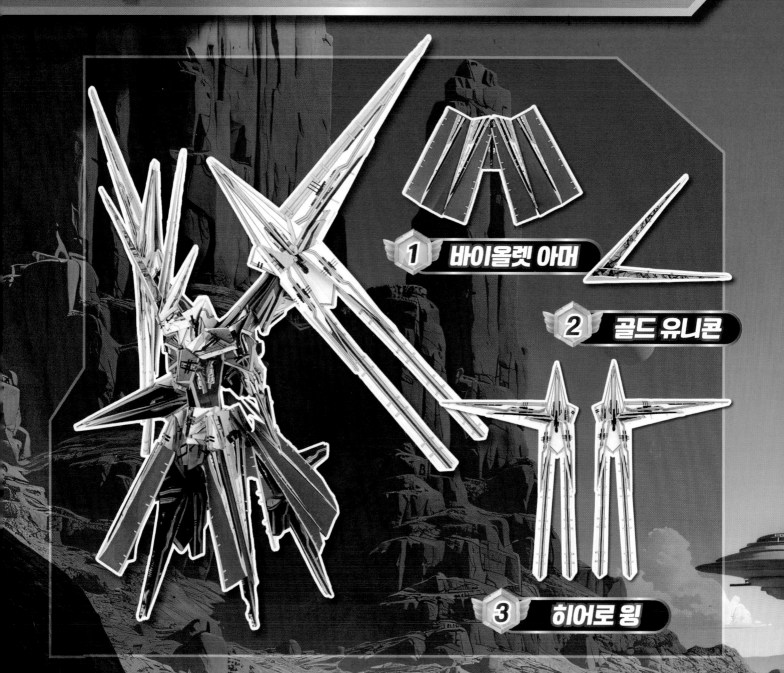

1 바이올렛 아머

2 골드 유니콘

3 히어로 윙

5단계

히어로 페가수스 워리어
hero Pegasus warrior

최종 진화! 화려한 날개와 아머를
장착한 히어로 로봇 대장!
히어로 보우로 적들을 일망타진!

바이올렛 아머

블록 1

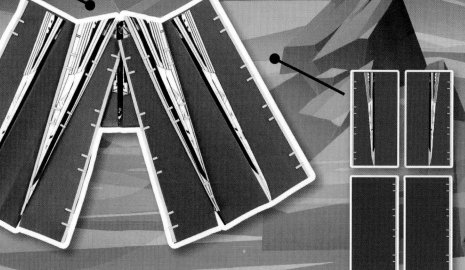

부품 1, 2, 3

Hero Pegasus
Warrior

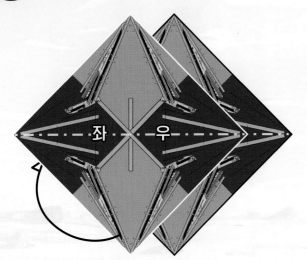

도안지 101, 103쪽

1 바이올렛 아머 블록 도안지로 블록을 사진처럼 접습니다.

2 '배 반 접기'를 합니다.

3

확대

뒤집어 주세요.

4 '배 반 접기'를 합니다.

X2

완성!

바이올렛 아머 블록 완성!

1~4번 과정을 반복하여 바이올렛 아머 블록 1개를 더 만듭니다.

1

도안지 **109**쪽

부품 도안지 뒷면을 선을 따라
가위로 잘라주세요. 8조각이 나옵니다.

[앞면]

4

블록 한쪽의 날개 윗면을
벌립니다(**5**번 사진 참고).

5

안쪽에 골고루 풀칠합니다.

2

블록 1개와 부품 1, 2, 3을
준비합니다.

X1 **X1**

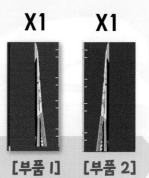

[부품 1]   [부품 2]

X2

[부품 3]

3

[앞면]

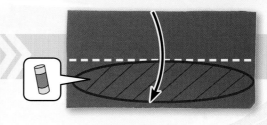

부품 3을 준비합니다.
뒷면에 풀칠하고 반 접습니다.

6

부품 1을
틈새에 넣어 붙입니다.

7

이번에는 안쪽의 틈새가 보이게 날개 윗면을
벌립니다(**8**번 사진 참고).

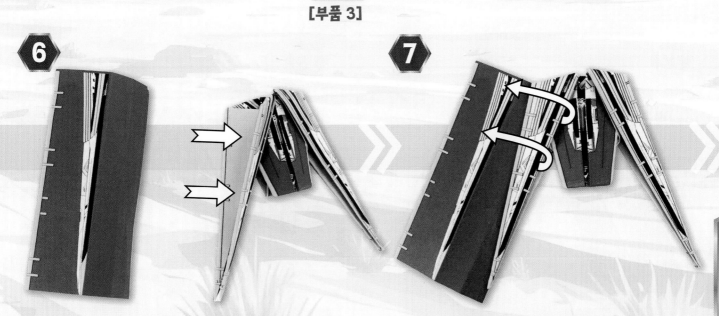

8

반대편 틈새에 풀칠합니다.

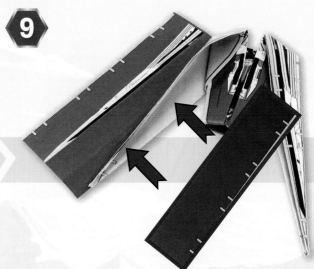

9

부품 3을 틈새 깊숙이 붙입니다.

12

[붙인 모습]
뒤집어 주세요.

13

부품을 반으로 접었다 펴서
주름을 표현합니다.

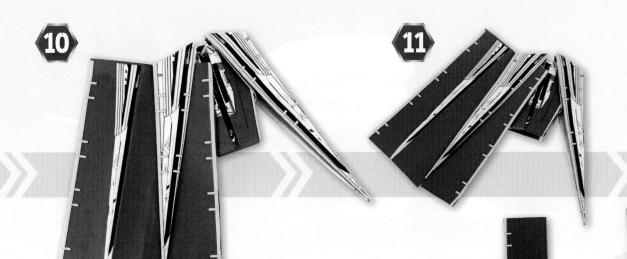

반대쪽도 ③~⑩번 과정을
반복하여 부품 2와 부품 3 하나씩 붙입니다.

[붙인 모습]

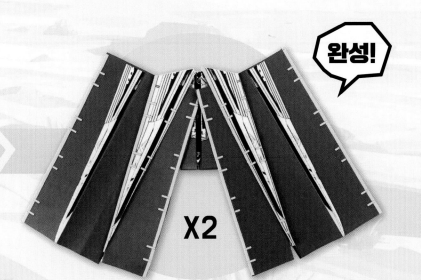

완성!

X2

바이올렛 아머 완성!

①~⑬번 과정을 반복하여
바이올렛 아머를 하나 더 만듭니다.

골드 유니콘

부품 1

부품 2

Hero Pegasus
Warrior

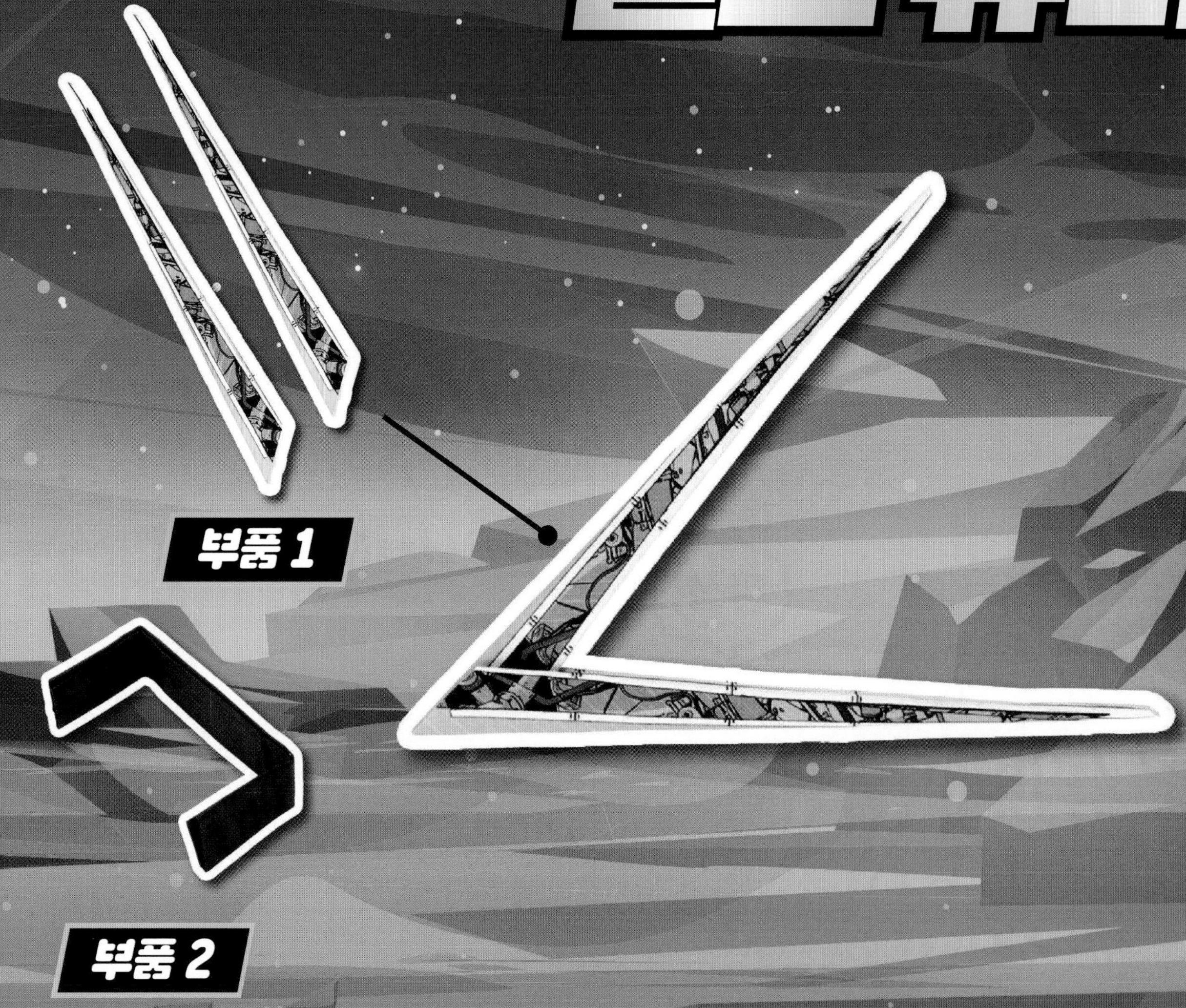

부품 1 골드 유니콘 부품

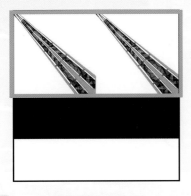

도안지 113쪽

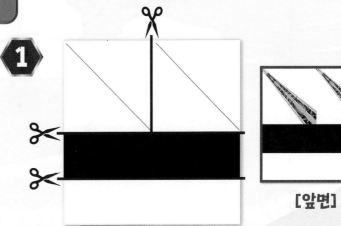

[앞면]

골드 유니콘 부품 도안지의 뒷면을
가위로 자릅니다.

*검은색 부분은 다리 고정 부품입니다.

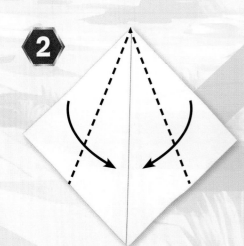

골드 유니콘 도안지를
대각선으로 접습니다.

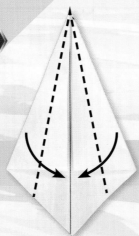

대각선으로 한 번 더 접습니다.

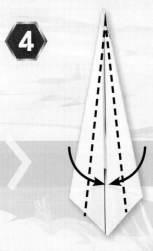

대각선으로 한 번 더 접습니다.

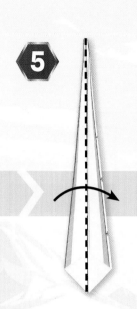

5

반으로 접습니다.

완성!

X2

골드 유니콘 부품 완성!

②~⑤번 과정을 반복하여 골드 유니콘 부품을 1개 더 만듭니다.

6

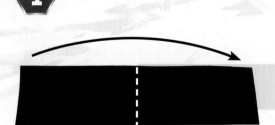

부품 하나는 끝에 풀칠합니다.
부품 하나는 반 접은 걸 펍니다.

부품 2 다리 고정 부품

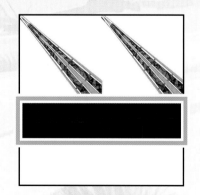

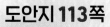

도안지 **113**쪽

1

137p에서 사용하고 남은 부품을
반으로 접습니다.

7

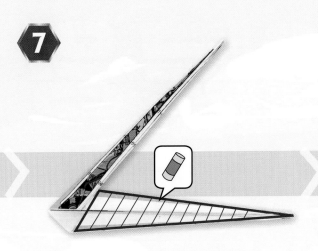

완성!

펼친 면 위에 풀칠한 부품을 올립니다.
풀칠하고 반으로 다시 접어서 붙입니다.

골드 유니콘 완성!

2

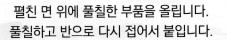

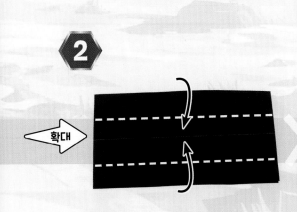

가운데를 기준으로 반씩 접습니다.

3

풀칠하고 반으로 접습니다.

4

가운데 선을 기준으로
반씩 접었다 폅니다.

완성!

다리 고정 부품 완성!

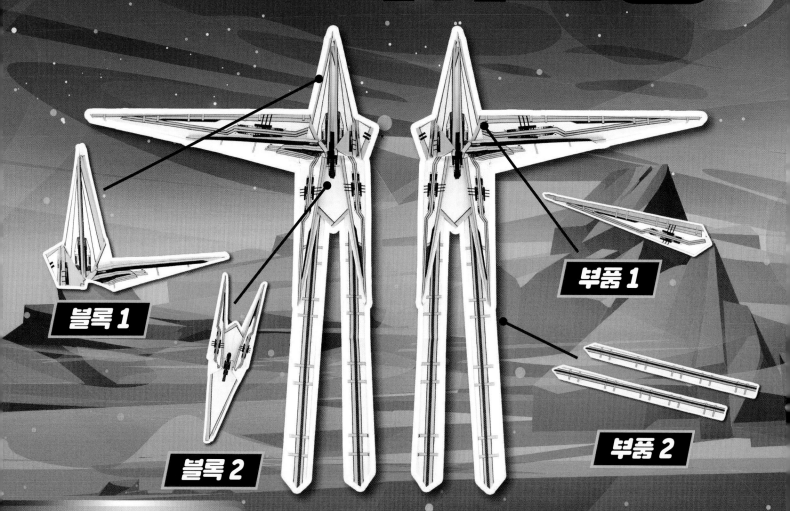

making 3

히어로 윙

블록 1

블록 2

부품 1

부품 2

Hero Pegasus
Warrior

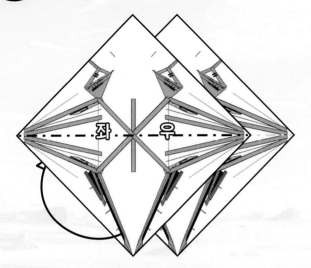

도안지 117, 119쪽

1

윙 블록 도안지로 블록을
사진처럼 접습니다.

2

왼쪽 날개를 가위로 반 자릅니다.

3

확대

날개를 안쪽으로 접어 넣습니다
(★**날개 자르고 반 접기** 참고).

4

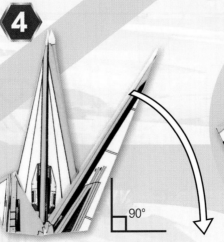

90°

오른쪽 날개를 아래로 90도가
되게 벌립니다.

X2

완성!

벌린 뒤에 빨간 원 부분을 꾹 누르면

윙 블록 **완성!**

1~4번 과정을 반복하여
윙 블록을 1개 더 만듭니다.

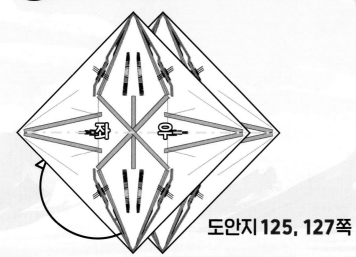

도안지 125, 127쪽

1

윙 코어 블록 도안지로 블록을
사진처럼 접습니다.

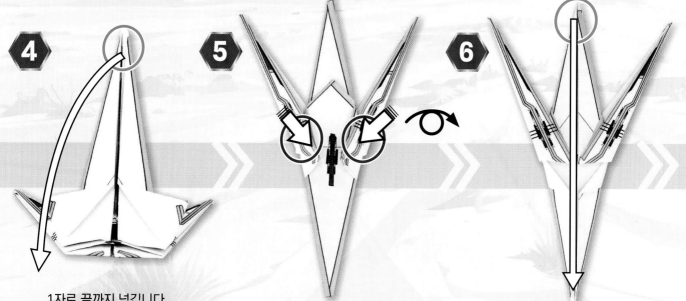

4

1자로 끝까지 넘깁니다.

5

양쪽의 튀어나온 부분을
안쪽으로 누릅니다. 뒤집어 주세요.

6

2~**5**번 과정을 반복하여
한 번 더 '배 1자로 빼기'를 합니다.

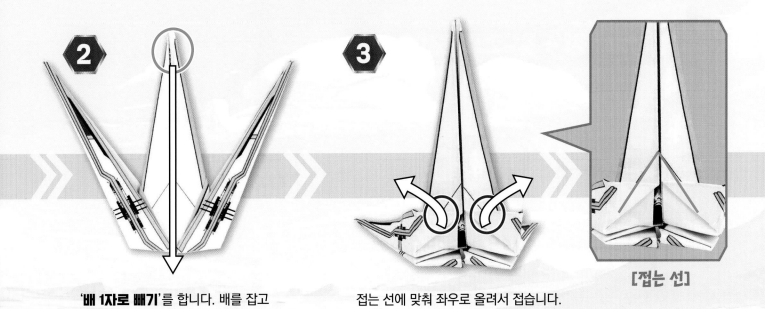

2 '배 1자로 빼기'를 합니다. 배를 잡고 화살표 방향으로 1자로 넘기겠습니다.

3 접는 선에 맞춰 좌우로 올려서 접습니다.

[접는 선]

완성!

X2

윙 코어 블록 완성!
1~**6**번 과정을 반복하여 윙 코어 블록을 1개 더 만듭니다.

합체 **윙 + 윙 코어 꼬립**

 **1**

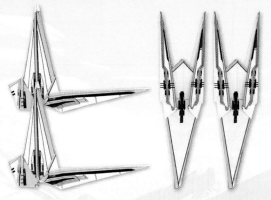

[윙 1, 2]　　　[윙 코어 1, 2]

1  **2**

윙 블록 2개의 틈새,
윙 코어 블록의 1, 2 부분을
기억합니다.

4

넣는 법을 이해했으면
분리합니다.

5

배에 앞뒤로
풀칠합니다.
1~**3**번 과정을
반복하여 조립합니다.

완성!

X2

윙 조립 **완성!**
1~**5**번 과정을 반복하여
윙을 1개 더 만듭니다.

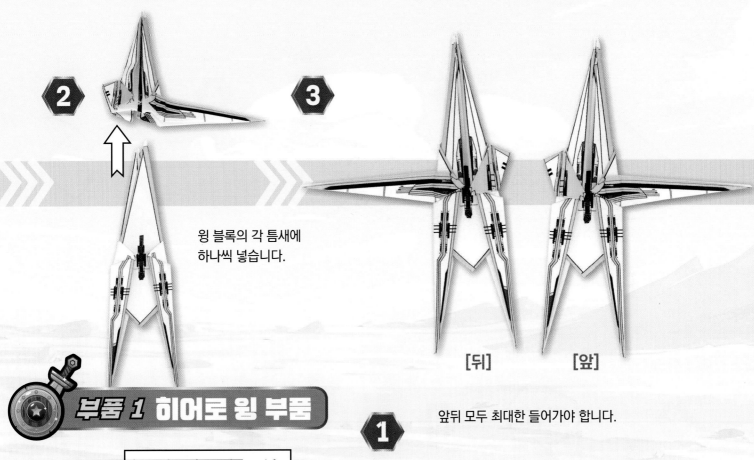

② ③

윙 블록의 각 틈새에
하나씩 넣습니다.

[뒤] [앞]

앞뒤 모두 최대한 들어가야 합니다.

①

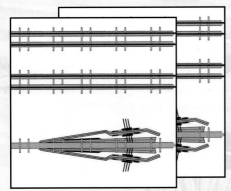

부품 1 히어로 윙 부품

도안지 133, 135쪽

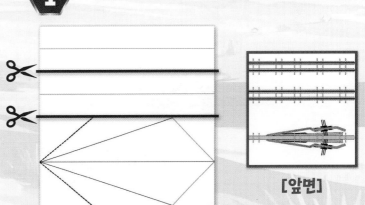

[앞면]

부품 도안지의 뒷면을 가로로
선을 따라 자릅니다.

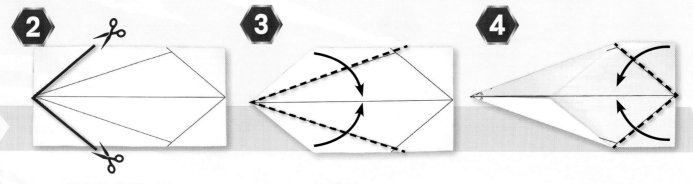

2 부품1의 뒷면을 가위로
사진처럼 자릅니다.

3 선을 따라 접습니다.

4 선을 따라 접습니다.

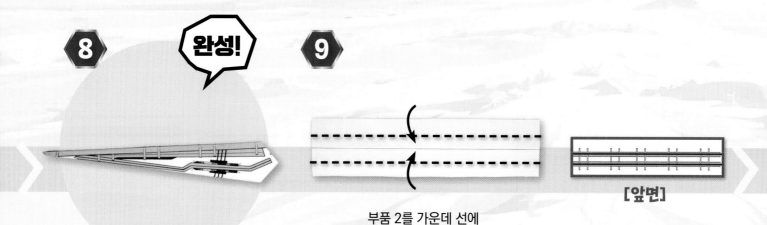

8 완성!

9 부품 2를 가운데 선에
맞춰 반씩 접습니다.

[앞면]

히어로 윙 부품1 완성!

1~**7**번 과정을 반복하여
1개 더 만듭니다.

5 가운데 선에 맞추어 접습니다.

6 풀칠하고 반으로 접습니다.

7 가위로 끝을 조금 자릅니다.

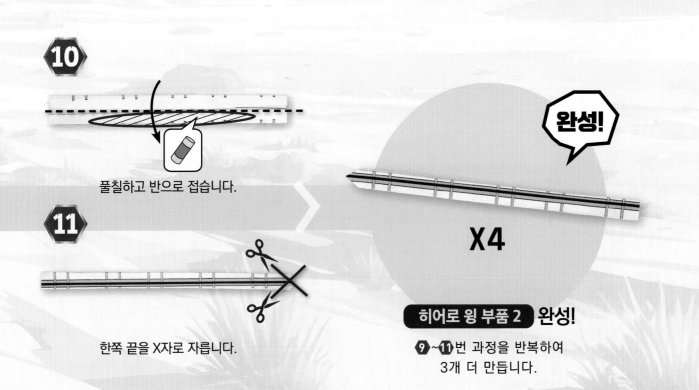

10 풀칠하고 반으로 접습니다.

11 한쪽 끝을 X자로 자릅니다.

완성!

X4

히어로 윙 부품 2 완성!

9 ~ **11** 번 과정을 반복하여
3개 더 만듭니다.

합체 부품 조립

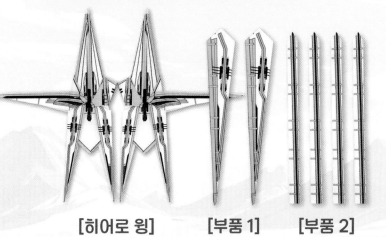

[히어로 윙]　　　[부품 1]　　　[부품 2]

❶ ~ 완성 동영상 참고

1

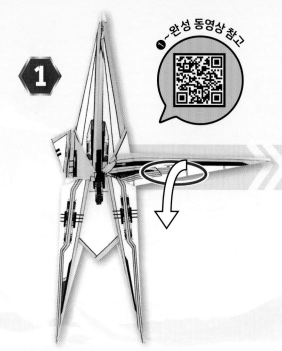

사진의 윗면을 아래로
벌려서 안쪽 면이 보이게 합니다.

4

사진에서 표시한 윗면을
바깥으로 벌려서 안쪽 면이
보이게 합니다.

5

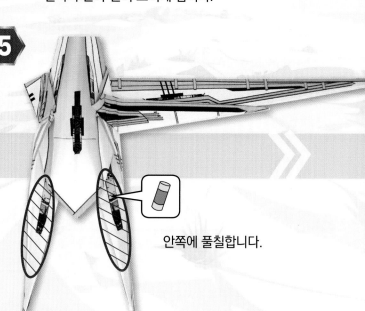

안쪽에 풀칠합니다.

2

안쪽에 풀칠합니다.

3

부품 1을 안쪽에 붙입니다.

6

부품 2를 하나씩
안쪽에 넣어서 붙입니다.

완성!

X2

히어로 윙 완성!

①~⑥번 과정을 반복하여
히어로 윙을 1개 더 만듭니다.

최종 합체

바이올렛 아머

골드 유니콘

히어로 윙

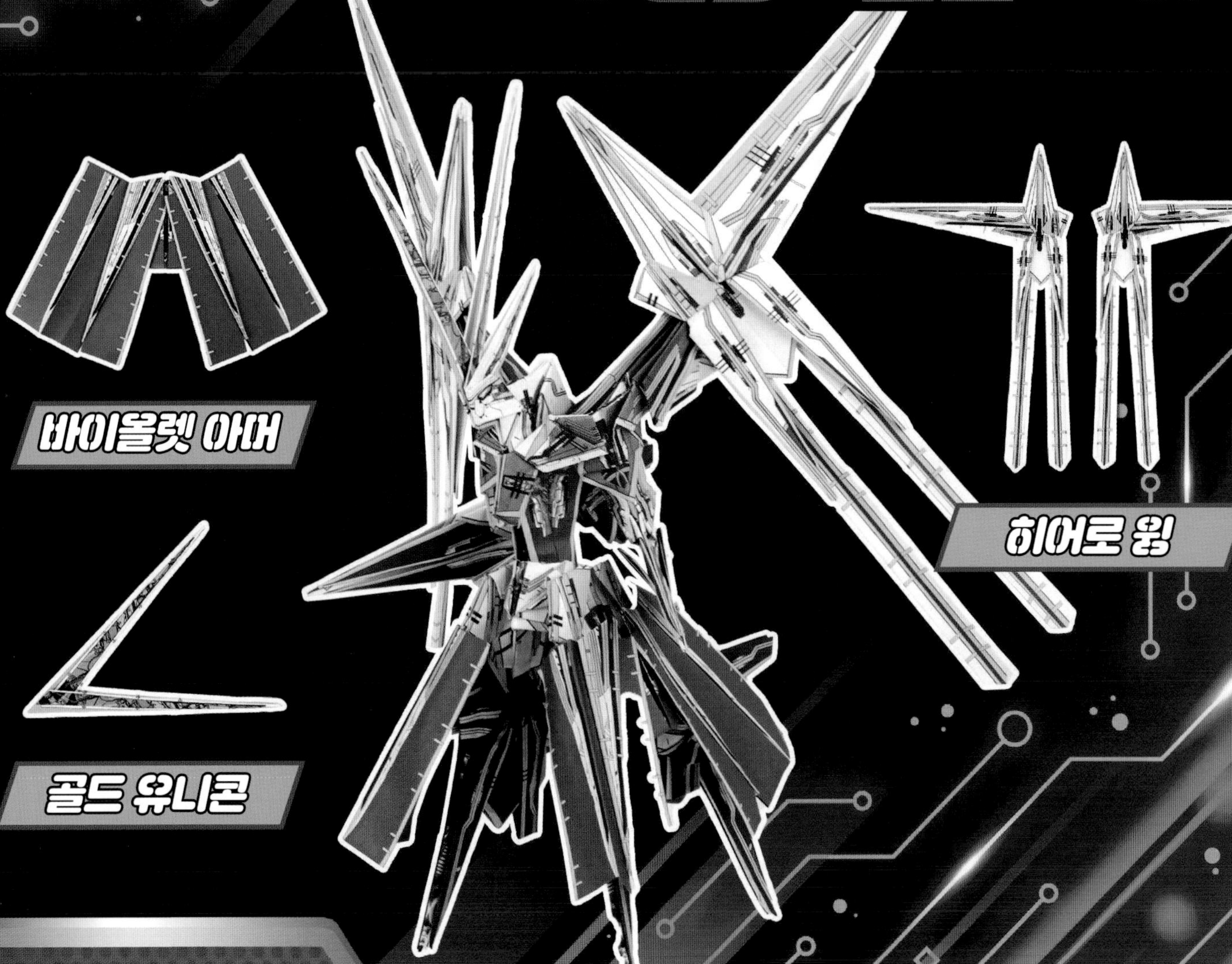

Hero Pegasus
Warrior

합체 바이올렛 아머 꼬립

❶~완성 동영상 참고

1

로봇을 준비합니다.
하체 블록에서 배 부분을 살짝
들어 올립니다.

2

안쪽에 골고루 풀칠합니다.

3

바이올렛 아머의 안쪽 틈새를
기억합니다.

4

틈새에 풀칠한
배 부분을 넣고 붙입니다.

완성!

바이올렛 아머 합체 완성!

1~4번 과정을 반복하여
반대쪽에도 바이올렛 아머를 합체합니다.

합체 골드 유니콘 & 다리 고정 꼬립

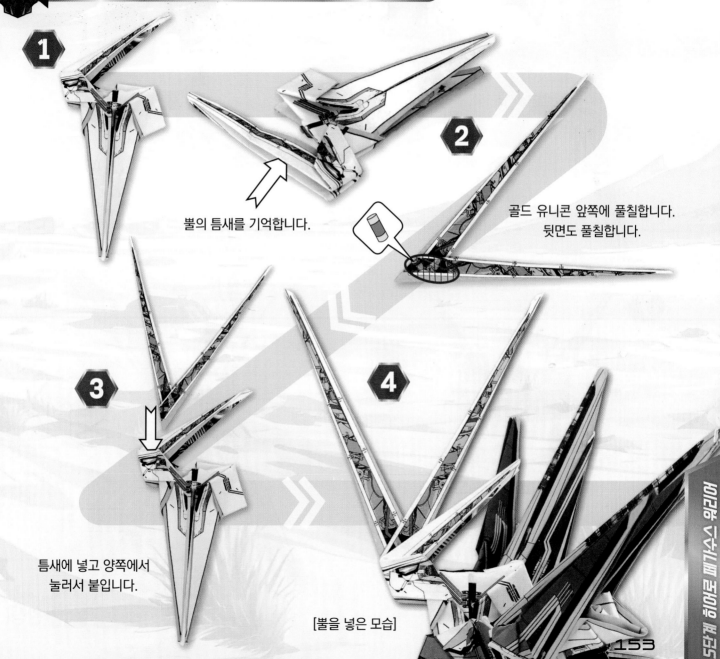

1

2

뿔의 틈새를 기억합니다.

골드 유니콘 앞쪽에 풀칠합니다.
뒷면도 풀칠합니다.

3

틈새에 넣고 양쪽에서
눌러서 붙입니다.

4

[뿔을 넣은 모습]

153

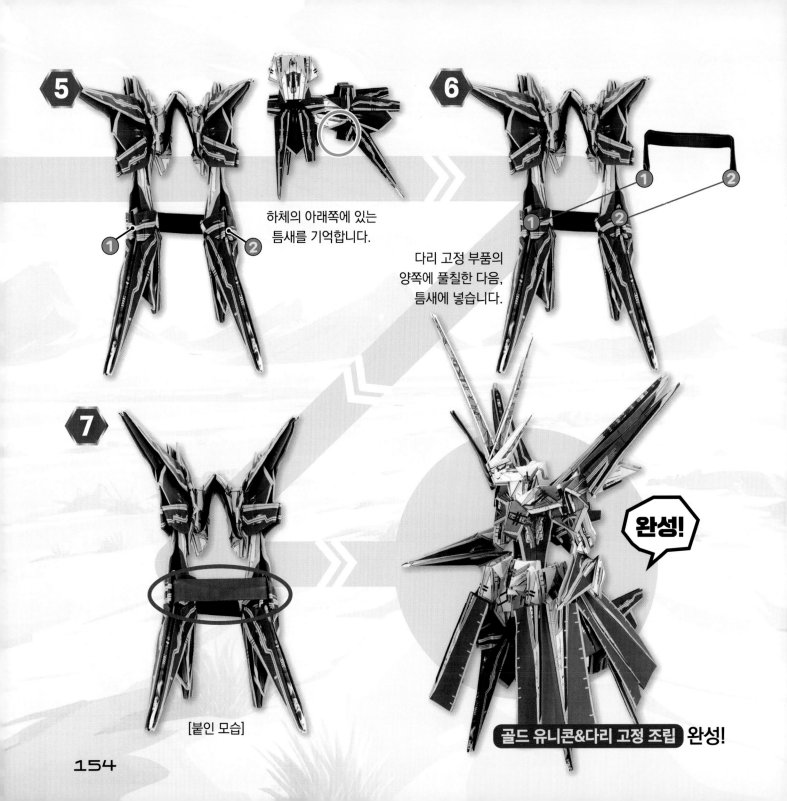

5

하체의 아래쪽에 있는
틈새를 기억합니다.

6

다리 고정 부품의
양쪽에 풀칠한 다음,
틈새에 넣습니다.

7

[붙인 모습]

완성!

골드 유니콘&다리 고정 조립 **완성!**

합체 히어로 윙 꼬립

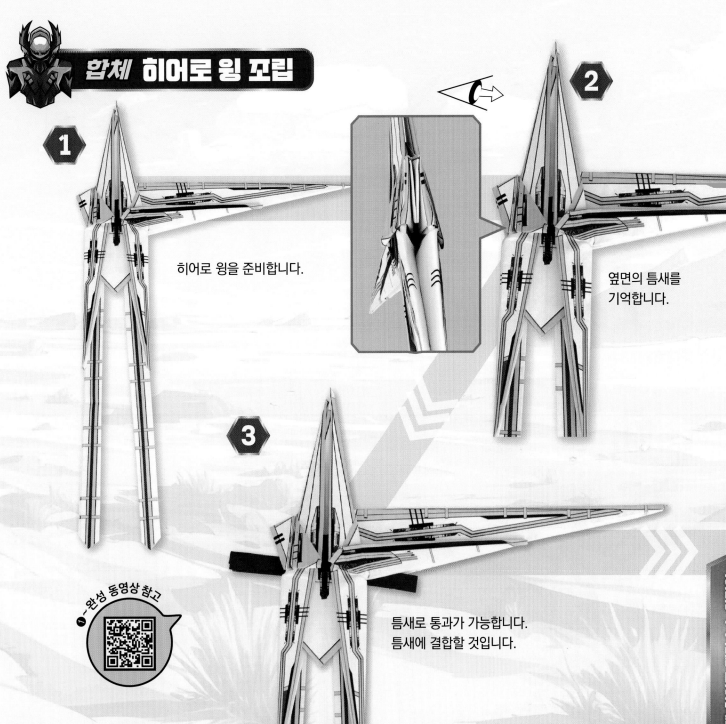

1 히어로 윙을 준비합니다.

2 옆면의 틈새를 기억합니다.

3 틈새로 통과가 가능합니다.
틈새에 결합할 것입니다.

완성 동영상 참고

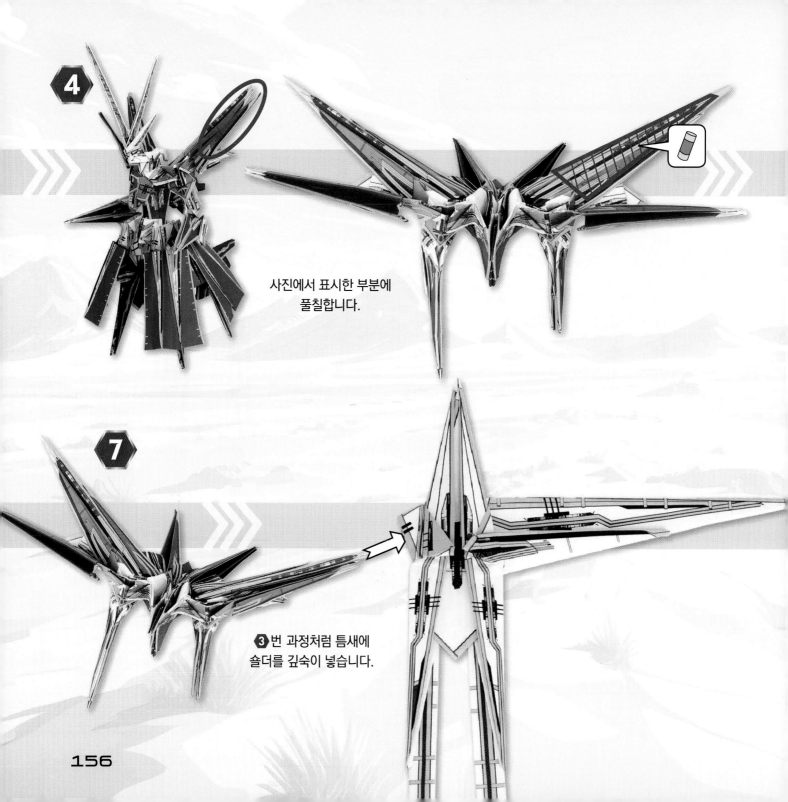

사진에서 표시한 부분에
풀칠합니다.

3번 과정처럼 틈새에
숄더를 깊숙이 넣습니다.

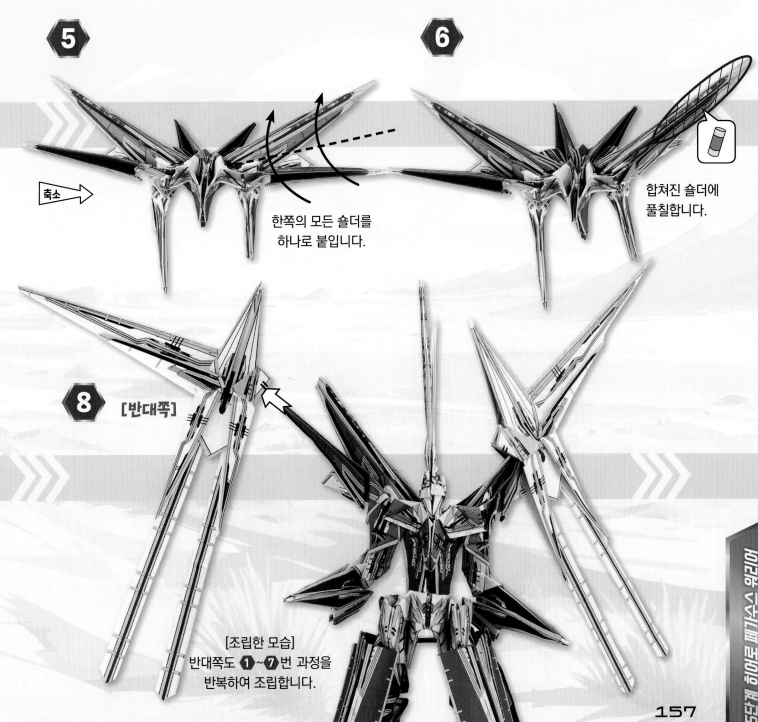

5

축소 ➡

한쪽의 모든 숄더를
하나로 붙입니다.

6

합쳐진 숄더에
풀칠합니다.

8 [반대쪽]

[조립한 모습]
반대쪽도 **1**~**7**번 과정을
반복하여 조립합니다.

157

최종 완성!

히어로 페가수스 세인트
완성!

히어로 보우

블록 1

블록 2

부품 1

Hero Pegasus
Warrior

1

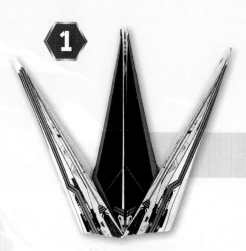

히어로 보우 앞 블록 도안지로
블록을 사진처럼 접습니다.

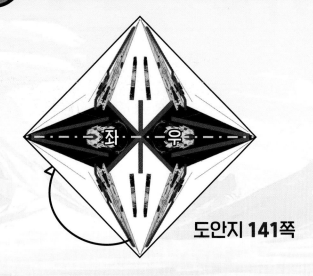

도안지 **141**쪽

4

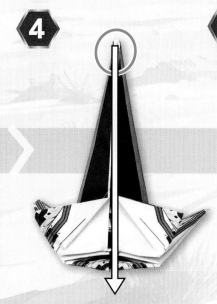

마저 1자로 벌립니다.

5

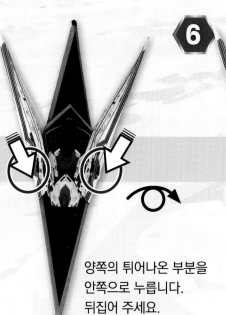

양쪽의 튀어나온 부분을
안쪽으로 누릅니다.
뒤집어 주세요.

6

❷~❺번 과정을
반복하여 한 번 더
'**배 1자로 빼기**'를 합니다.

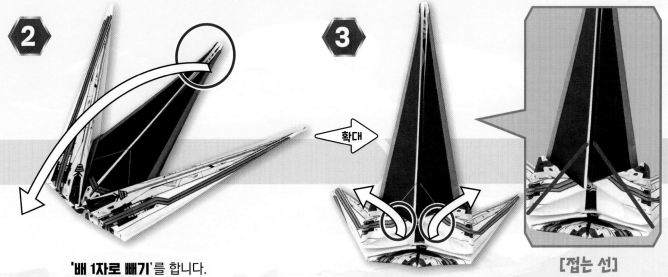

2

'배 1자로 빼기'를 합니다.
배를 잡고 화살표 방향으로
벌립니다.

3

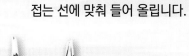
확대

[접는 선]

접는 선에 맞춰 들어 올립니다.

7

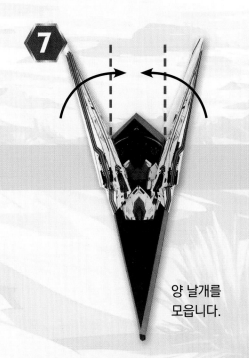

양 날개를
모읍니다.

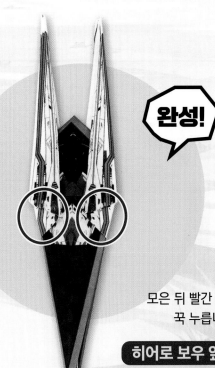

완성!

모은 뒤 빨간 원 부분을
꾹 누릅니다.

히어로 보우 앞 블록 완성!

블록 2 히어로 보우 뒤 블록

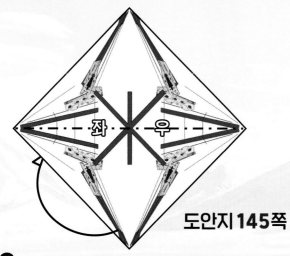

도안지 145쪽

①

히어로 보우 뒤 블록 도안지로
블록을 사진처럼 접습니다.

합체 1 히어로 보우 앞뒤 꼬립

[히어로 보우 뒤]

[히어로 보우 앞]

①

히어로 보우 뒤 블록 아래
2개의 틈새를 기억합니다.

162

2

양쪽 날개를 각각 70도 정도 되게
벌립니다(★**날개 벌리기** 참고).

완성!

빨간 원 부분을 꾹 누르면

히어로 보우 뒤 블록 **완성!**

2 ① ②

히어로 보우 앞 블록
1, 2를 기억합니다.

3

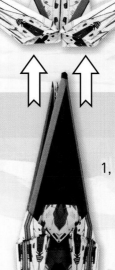

1, 2를 하나씩 넣습니다.

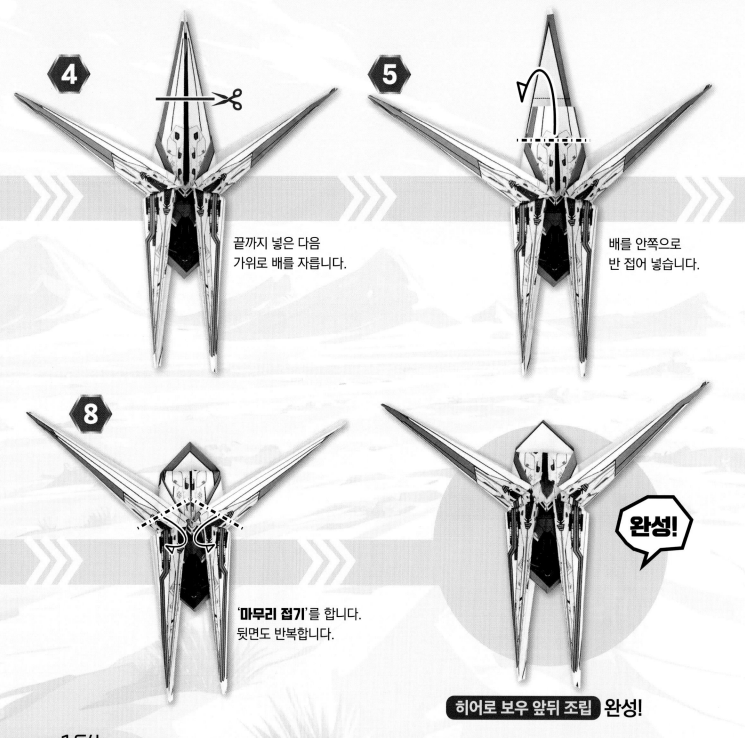

4 끝까지 넣은 다음
가위로 배를 자릅니다.

5 배를 안쪽으로
반 접어 넣습니다.

8 '**마무리 접기**'를 합니다.
뒷면도 반복합니다.

완성!

히어로 보우 앞뒤 조립 완성!

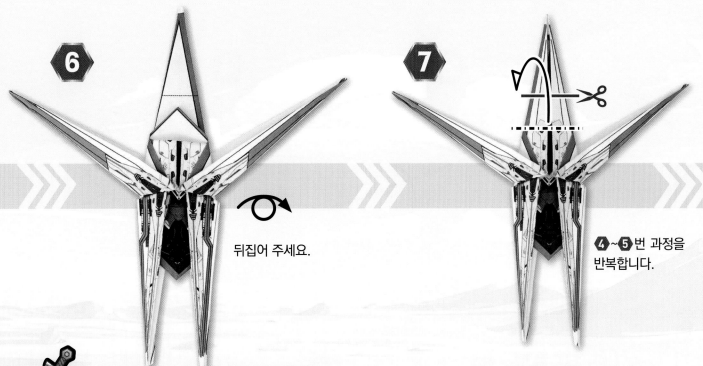

6

뒤집어 주세요.

7

④~⑤번 과정을
반복합니다.

부품 히어로 보우 부품

1

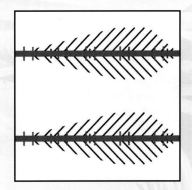

도안지 149쪽

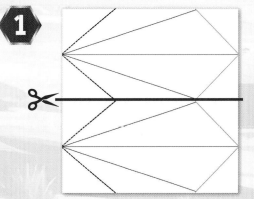

히어로 보우 부품 도안지 뒷면을
가위로 자릅니다.

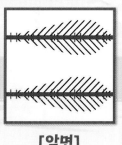

[앞면]

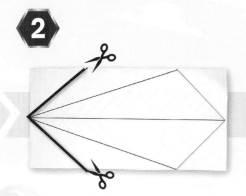

2

부품 하나의 뒷면을
가위로 사진처럼 자릅니다.

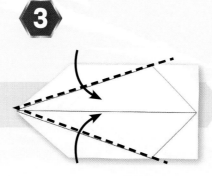

3

대각선으로 접습니다.

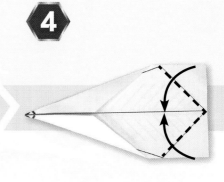

4

대각선으로 접습니다.

합체 최종 조립

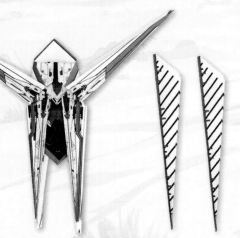

[히어로 보우]   [히어로 보우 부품]

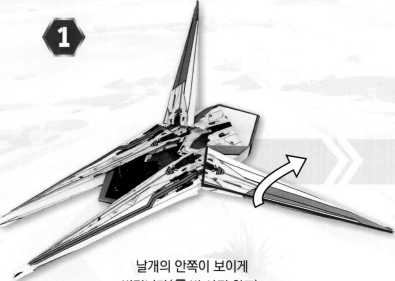

1

날개의 안쪽이 보이게
벌립니다(**2**번 사진 참고).

5

대각선으로 접습니다.

6

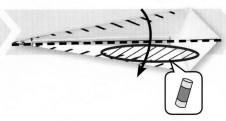

풀칠하고 반으로 접습니다.

완성!

히어로 보우 부품 완성!

❷~❻번 과정을 반복하여
부품을 1개 더 만듭니다.

2

안쪽 면에 골고루 풀칠합니다.

3

부품을 넣고 눌러서 붙입니다.

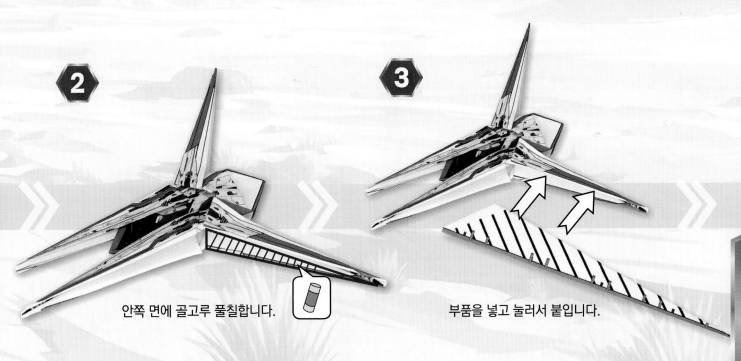

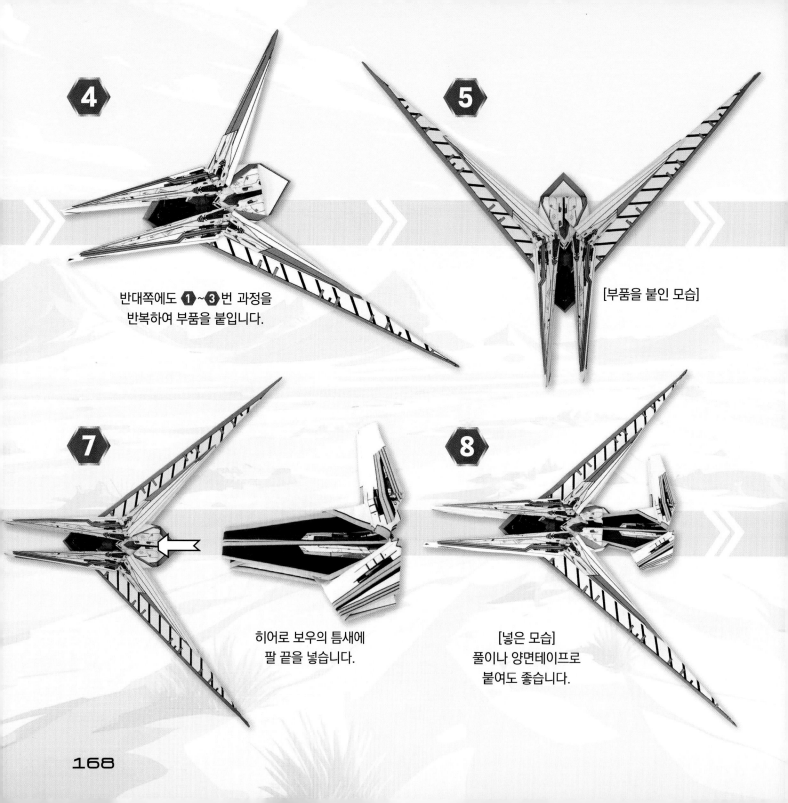

4

반대쪽에도 ❶~❸번 과정을
반복하여 부품을 붙입니다.

5

[부품을 붙인 모습]

7

히어로 보우의 틈새에
팔 끝을 넣습니다.

8

[넣은 모습]
풀이나 양면테이프로
붙여도 좋습니다.

6

❻~❽번 동영상 참고

장착법입니다. 로봇의 팔 끝을
안으로 접어 넣습니다.

최종 완성!

히어로 보우 결합 버전
완성!

169

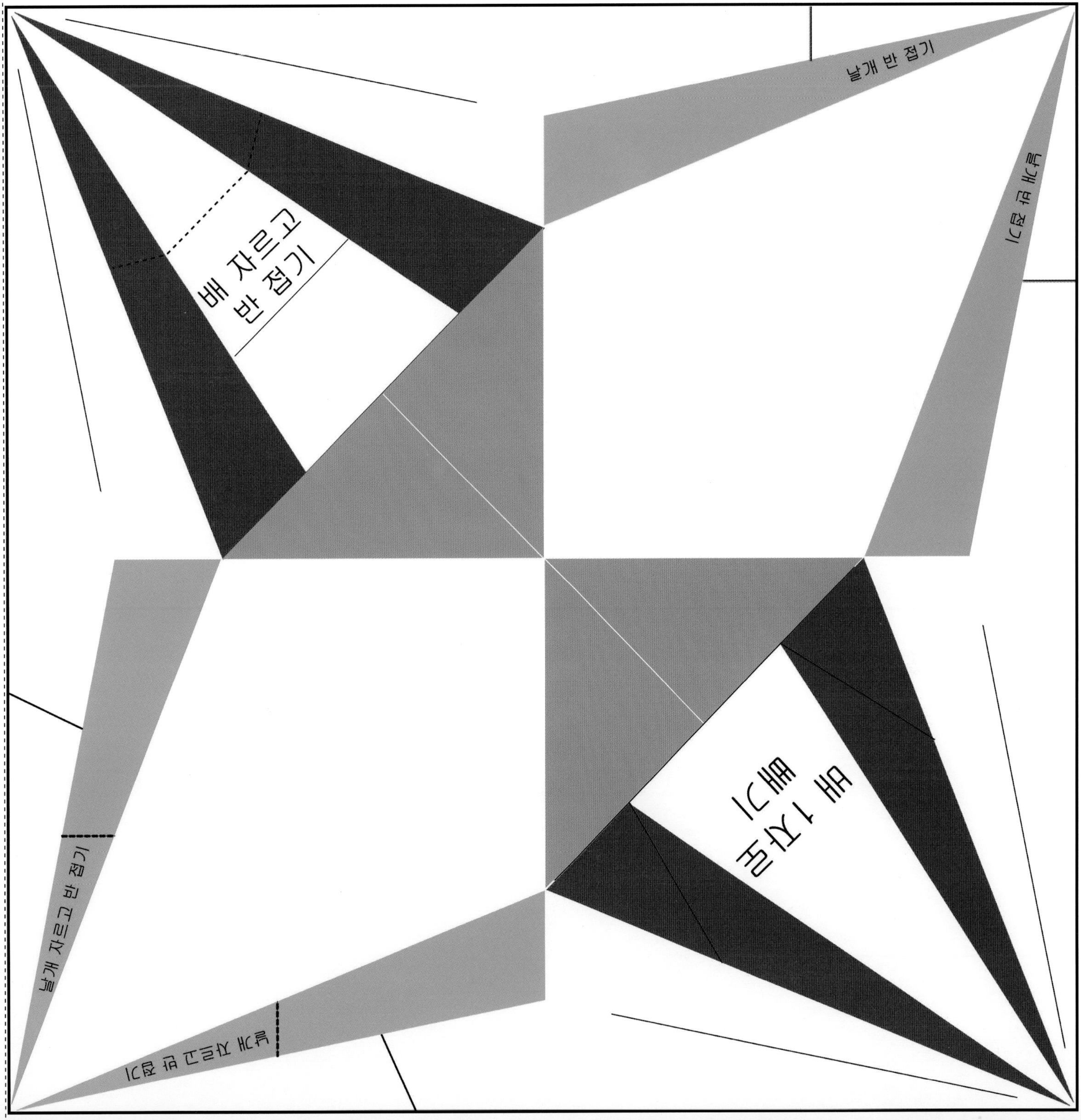

✂ 절취선

✂ 설명은 6p

배 자르고
반 접기

날개 반 접기

날개 반 접기

등개 더 접기

배 지르고 반 접기

날개 더 접기 한 점기

배 지르고
반 접기

✂ 완성되면 양쪽 날개를 펴세요

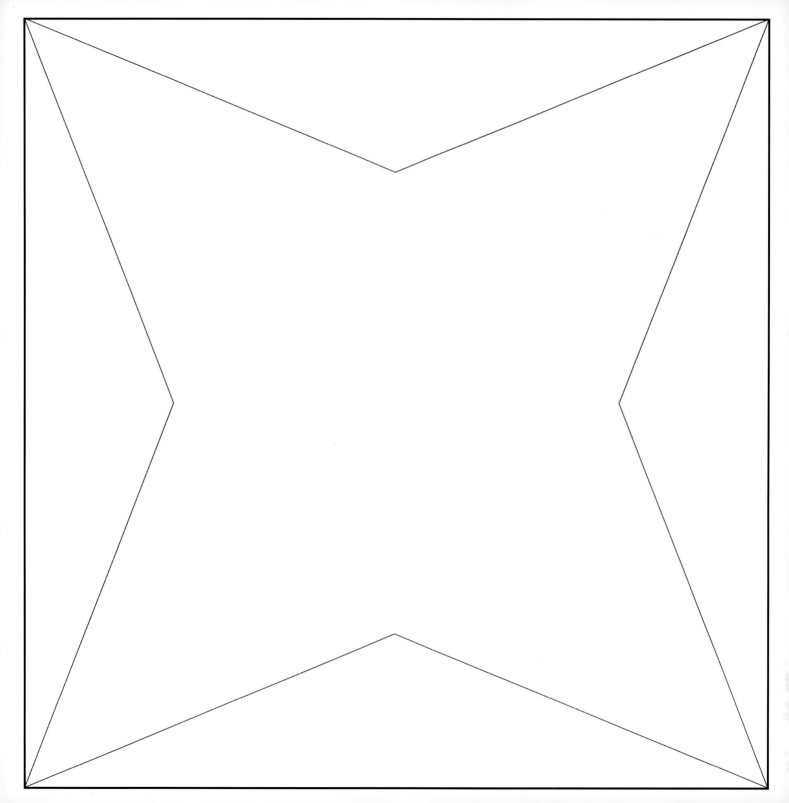

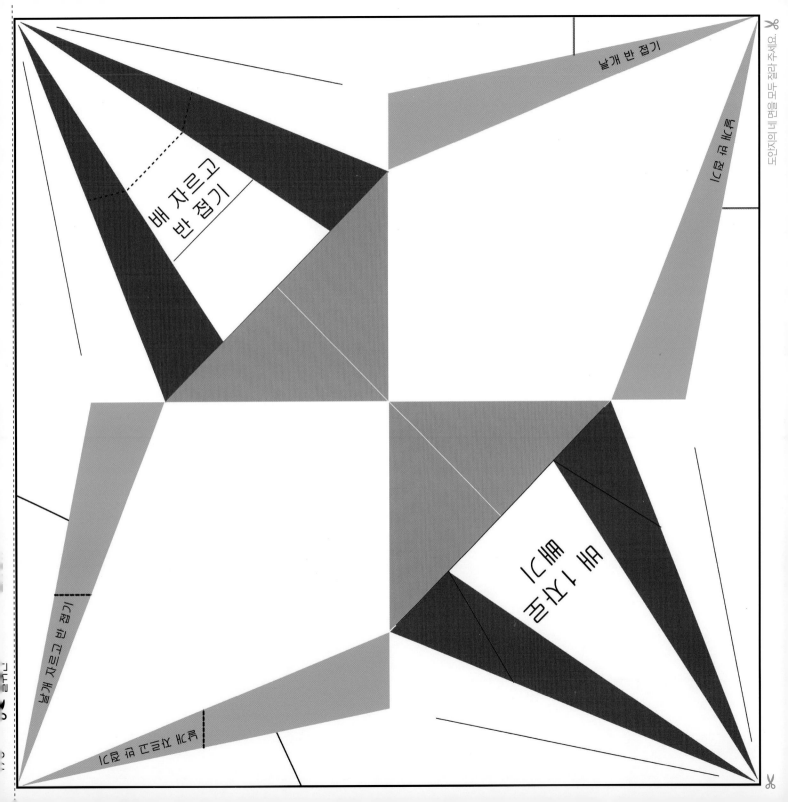

날개 반 접기

날개 반 접기

배 자르고 반 접기

날개 자르고 반 접기

배 1차로 빼기

날개 자르고 반 접기

배 1차로 반 자르고 반 접기

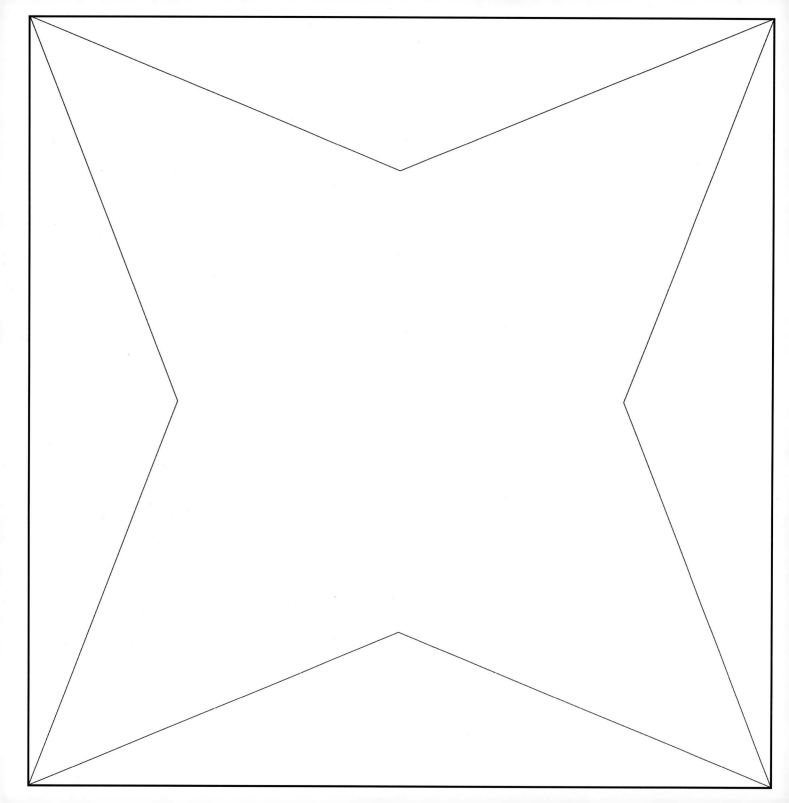

페이퍼빌드
5단 진화
자이언트 로봇
종이접기

별책 부록
페이퍼빌드
디자인지

학 접기 블록으로 만드는
입체 종이 로봇

QR코드
동영상
제공 ▶

페이퍼빌드
5단 진화
자이언트 로봇
종이접기

페이퍼빌드(장준호) 지음

혜지원

※ 도안지를 뜯는 방법

사용하고자 하는 도안지의
앞쪽 면을 가위의 안쪽 날로 그은 후
뜯어내면 훨씬 편해요.

디자인 도안지를 이용하여
더욱 실감나고 멋진
'페이퍼빌드' 작품을 접어 보세요!

네 면을 자를 때는 페이지 번호가 적힌 면을 위로 놓고 자르세요.

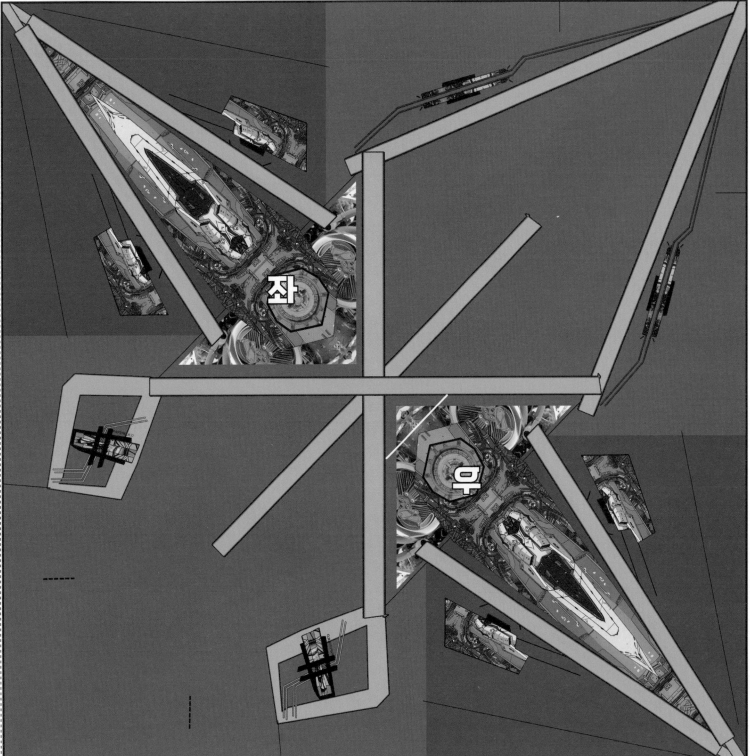

좌

우

1

좌

후

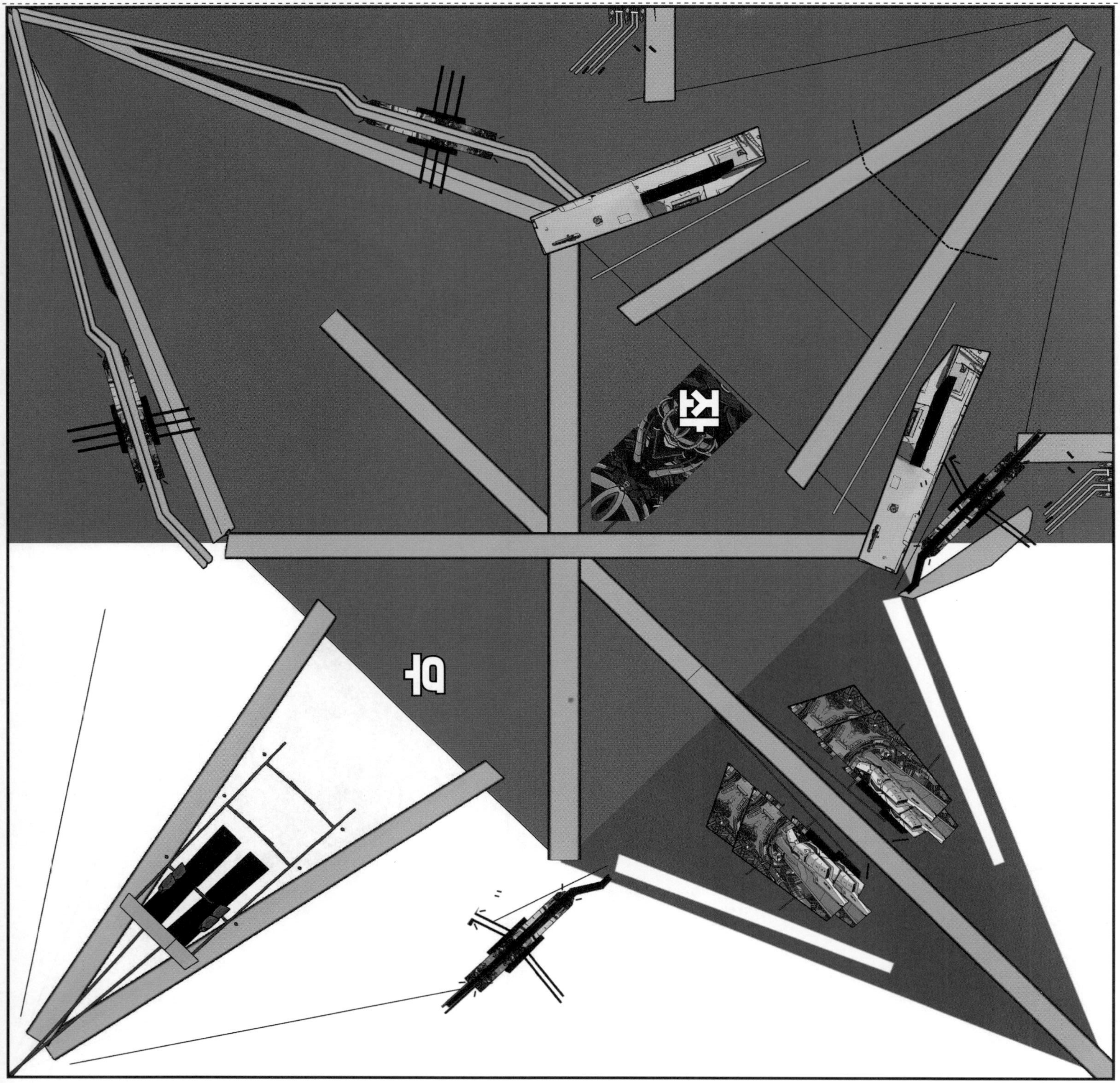

좌

우

하이어로 빌드맨 - 어깨 블록-오른쪽

절취선

히어로 빌드맨
＊어깨 블록＊
(오른쪽)

좌

우

절취선

히어로 빌드맨
* 어깨 블록 *
(오른쪽)

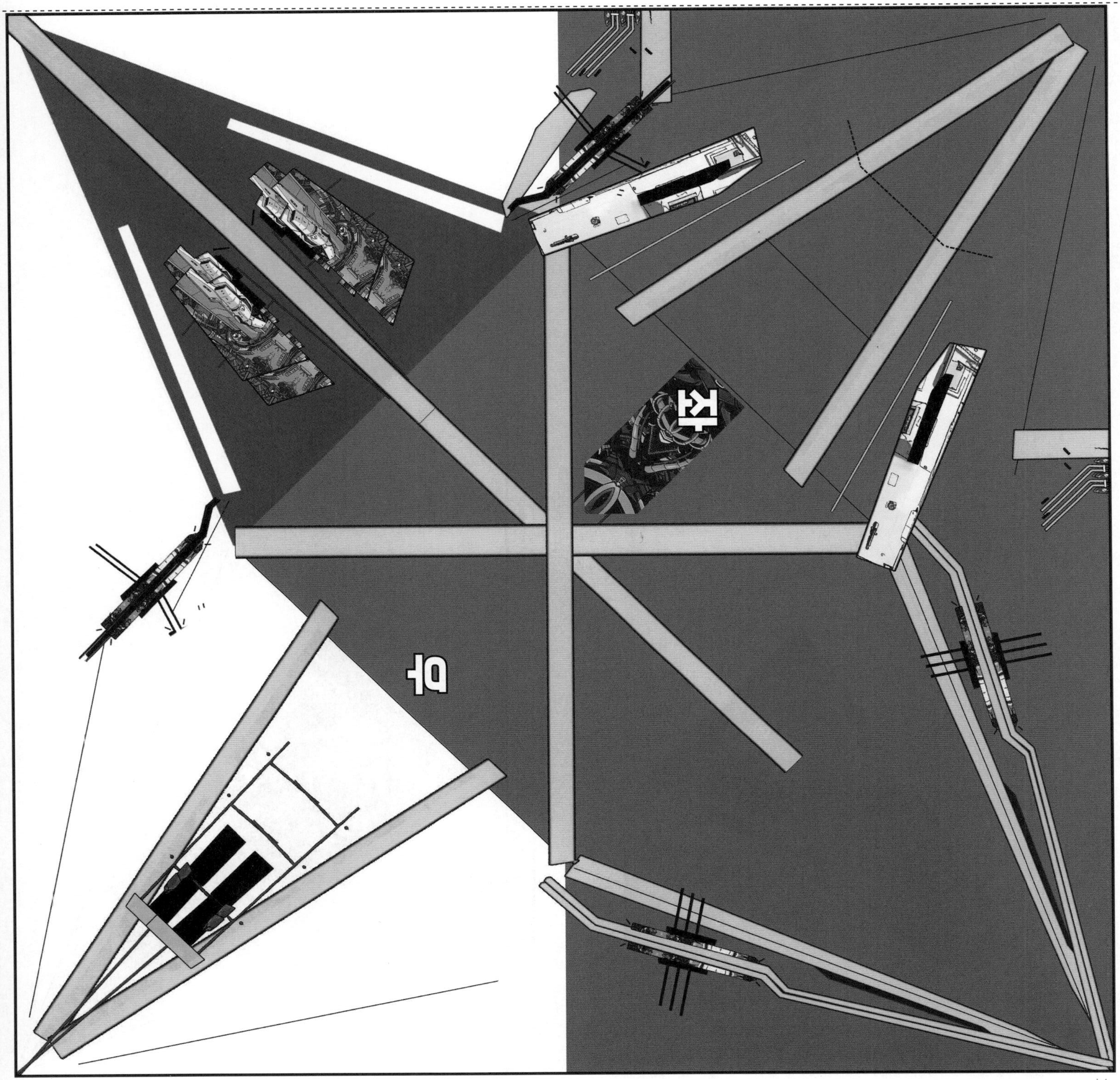

우

절취선

히어로 빌드맨 - 어깨 블록-왼쪽

절취선 내 면을 모두 잘라 주세요.

히어로 빌드맨
* 어깨 블록 *
(왼쪽)

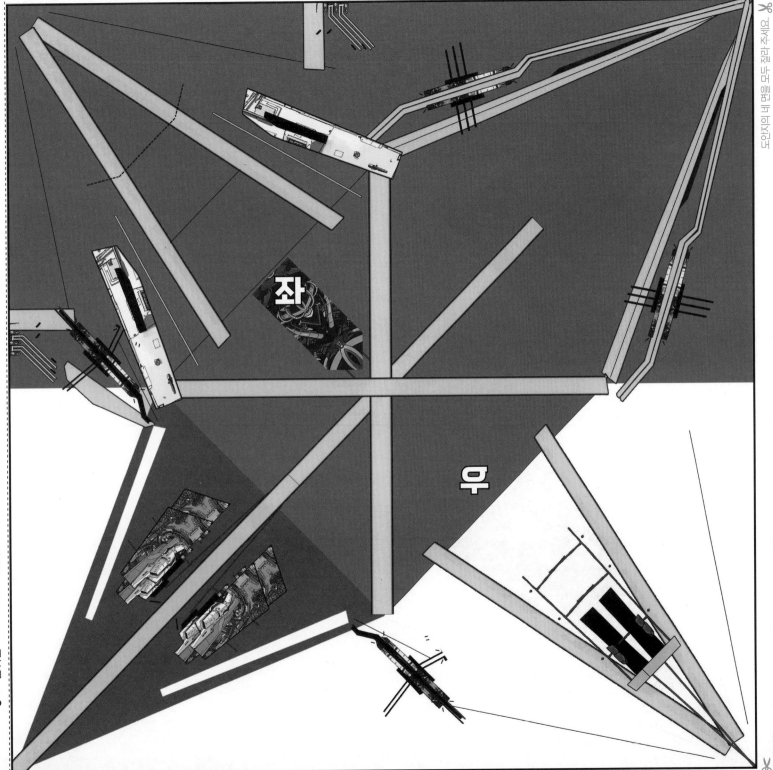

좌

우

히어로 빌드맨
어깨 블록
(왼쪽)

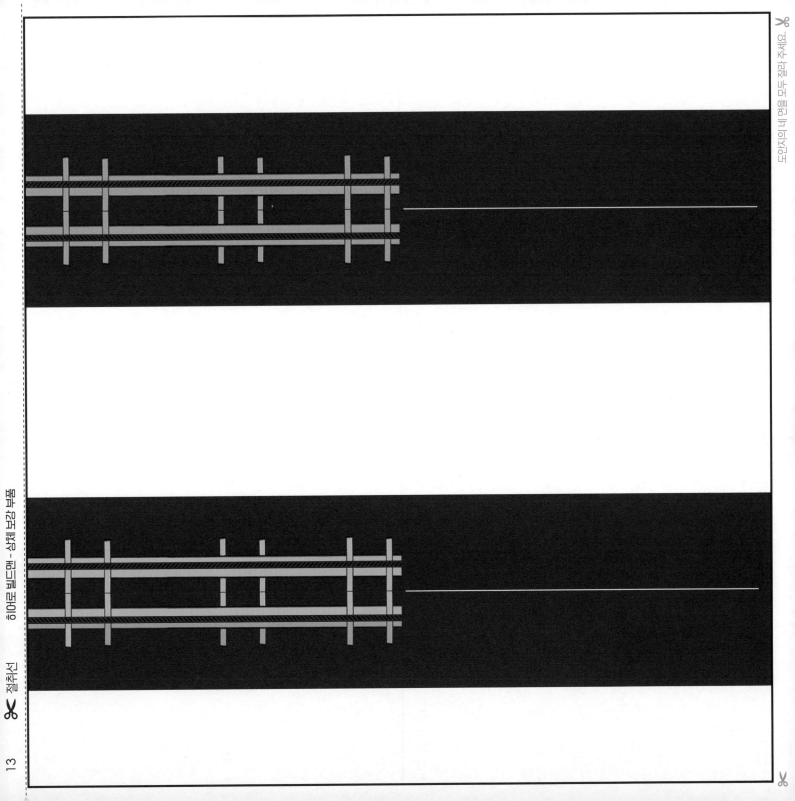

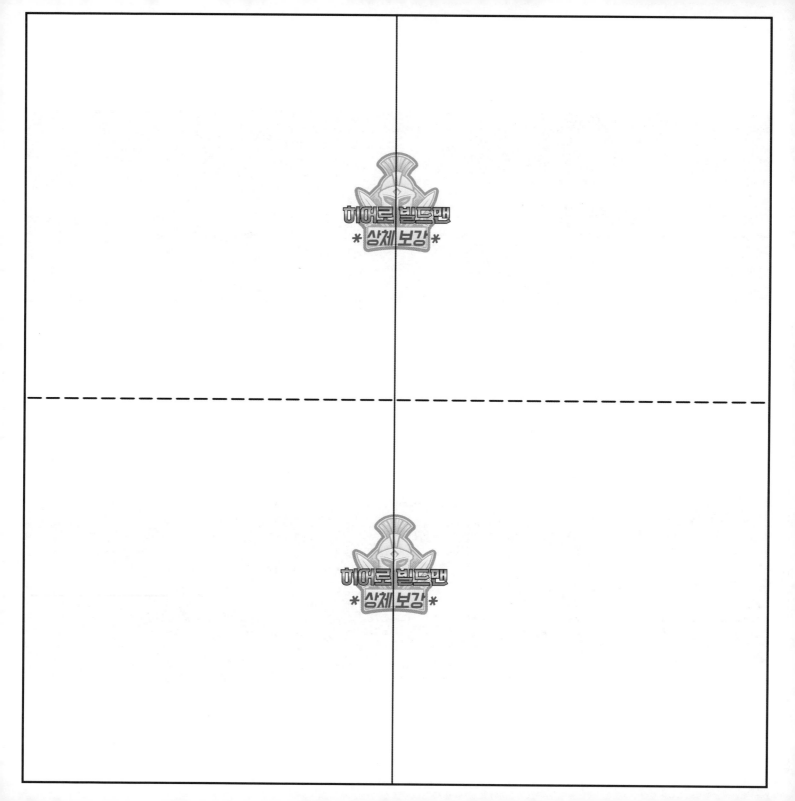

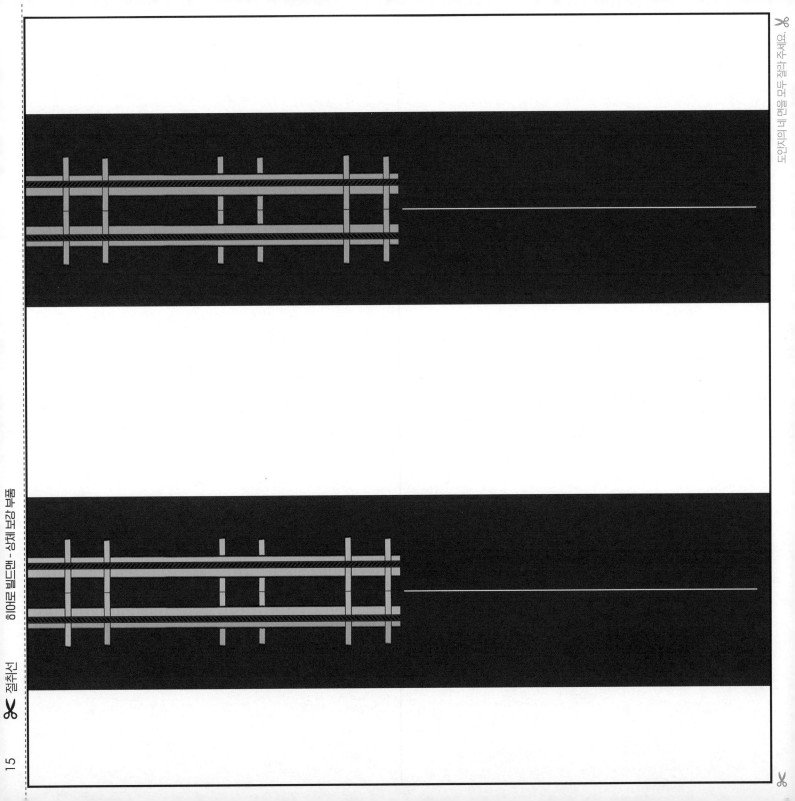

하이로 빌드맨 - 상체 보강 부품

절취선

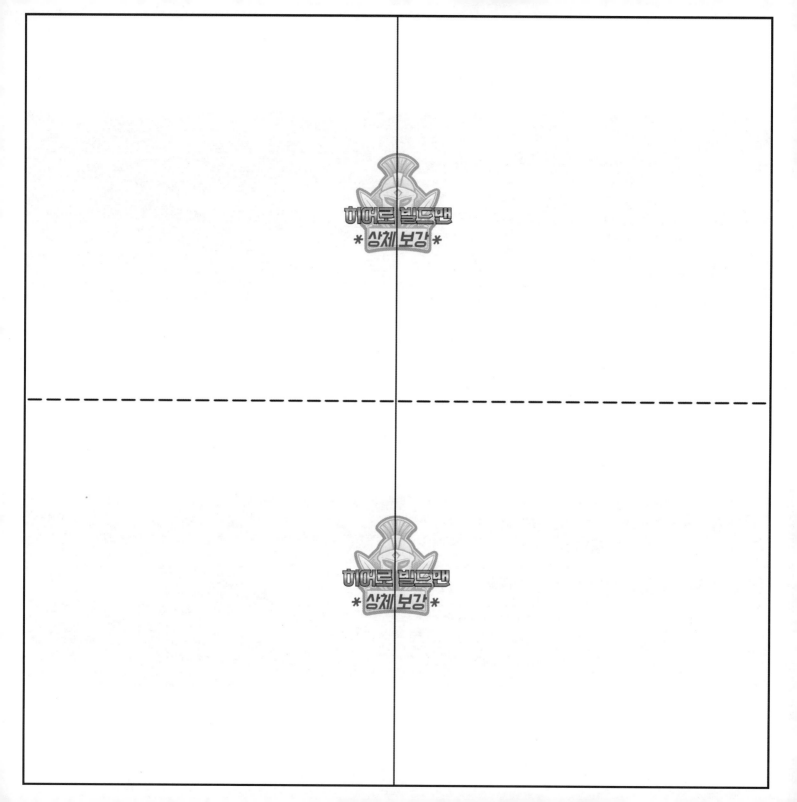

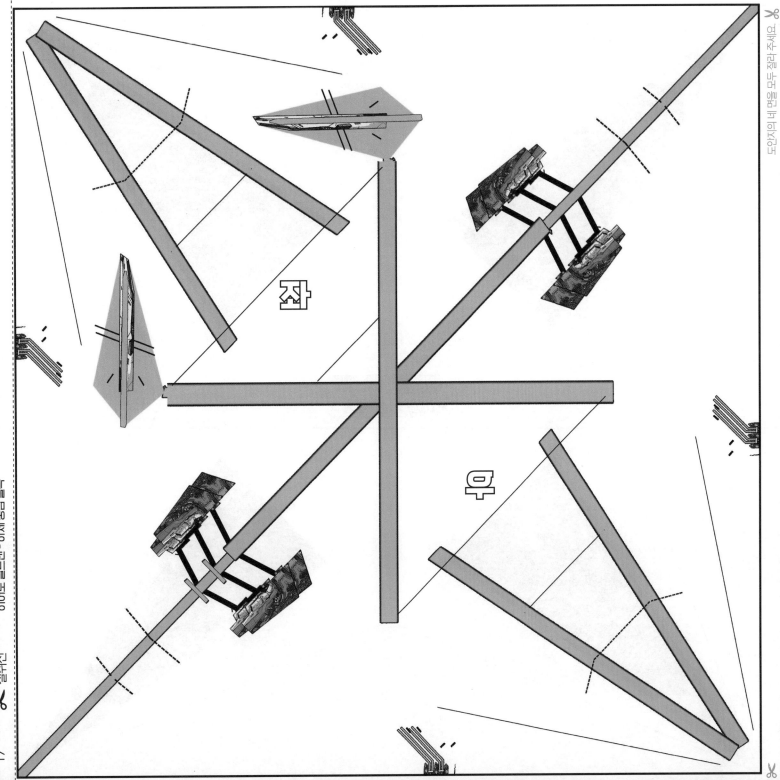

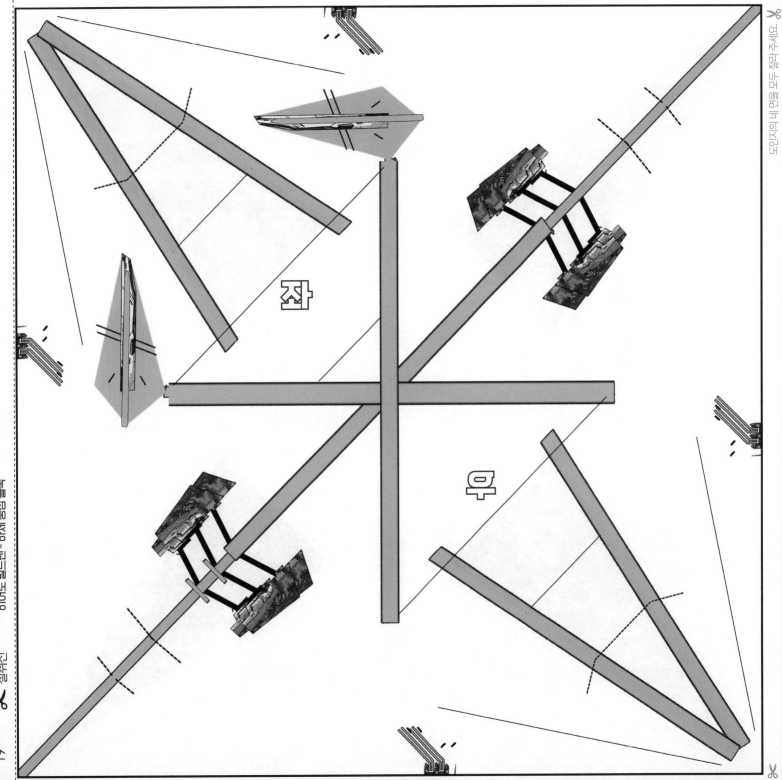

히어로 빌드맨
* 하체 중심 블록 *

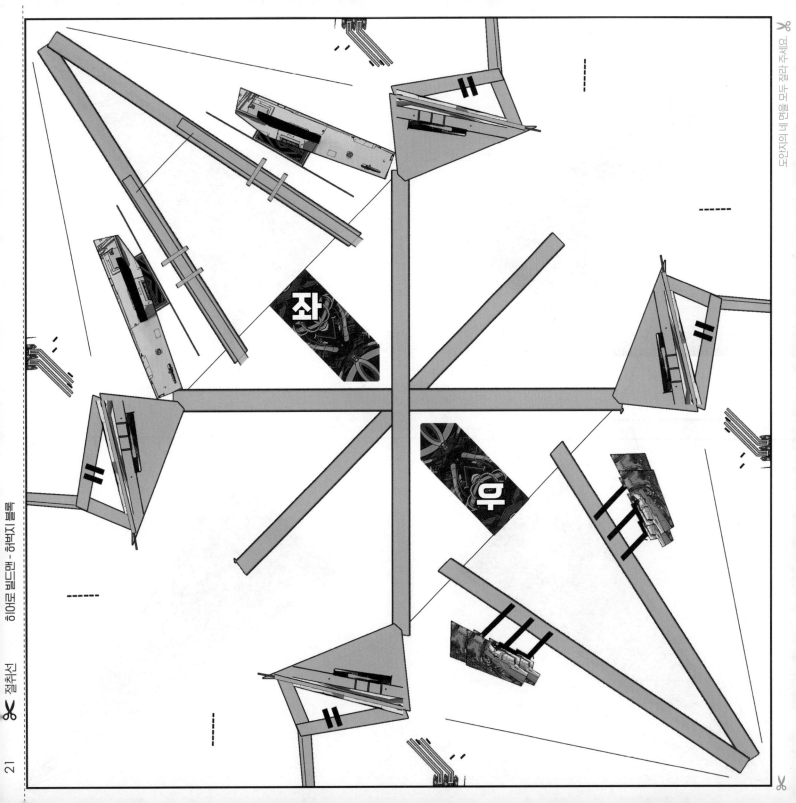

좌

우

히어로 빌드맨
* 허벅지 블록 *

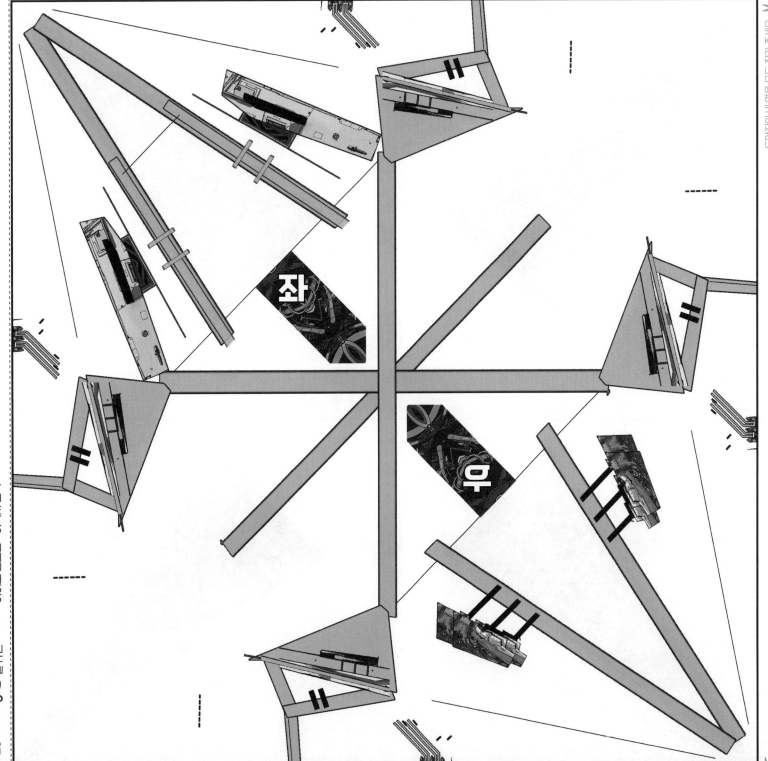

좌

우

히어로 빌드맨
* 허벅지 블록 *

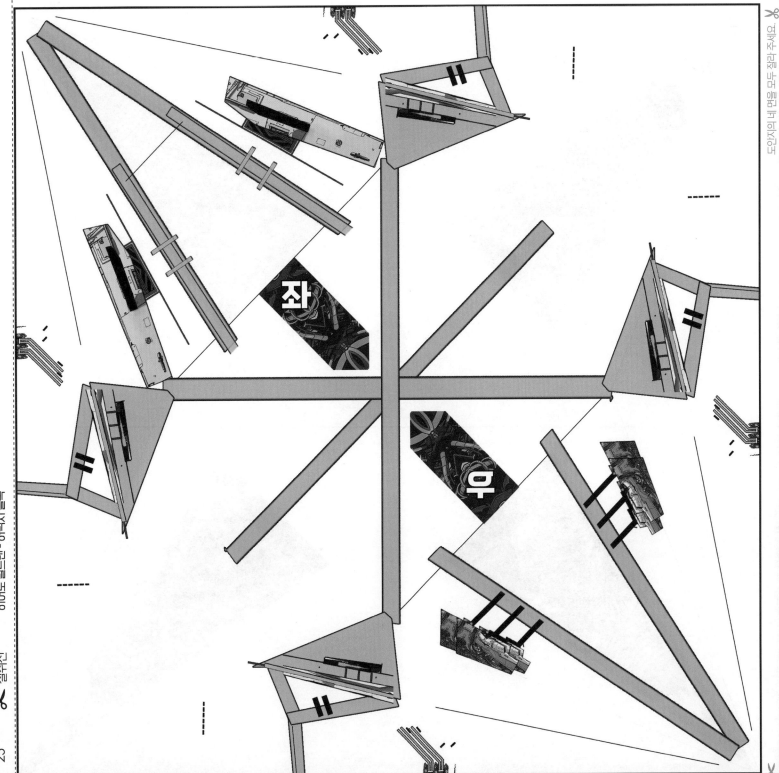

좌

우

히어로 빌드맨
* 허벅지 블록 *

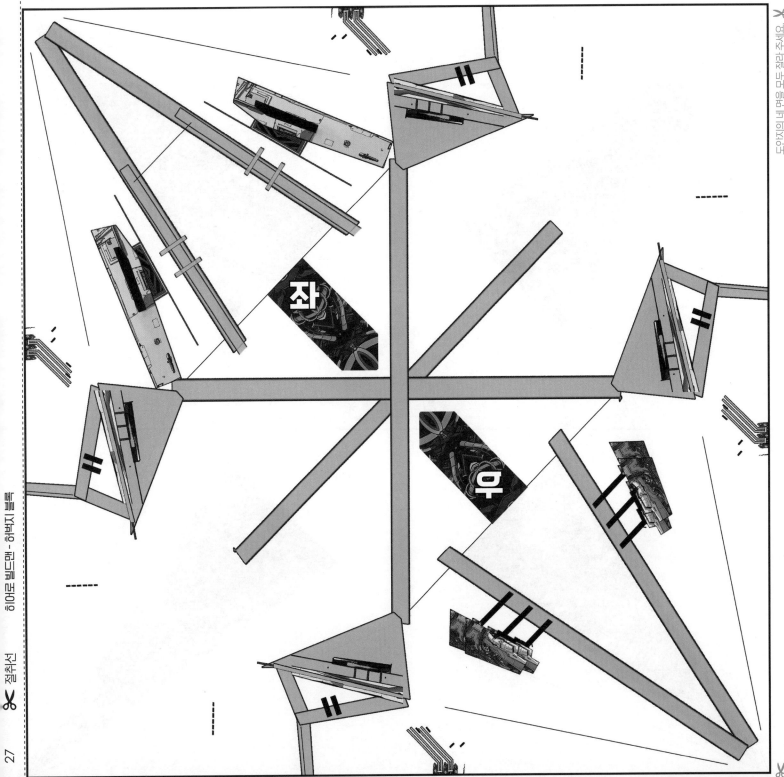

좌

우

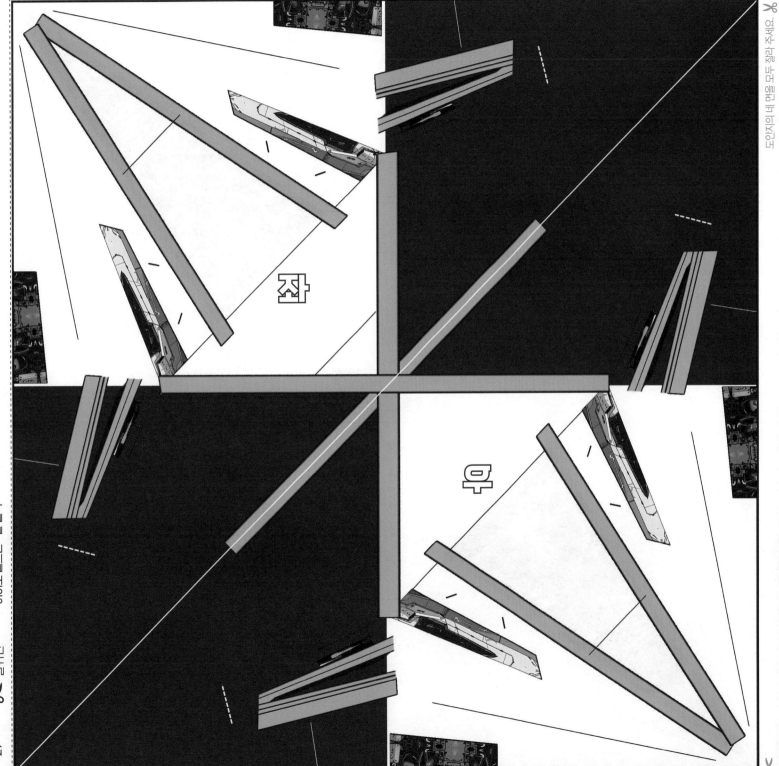

좌

우

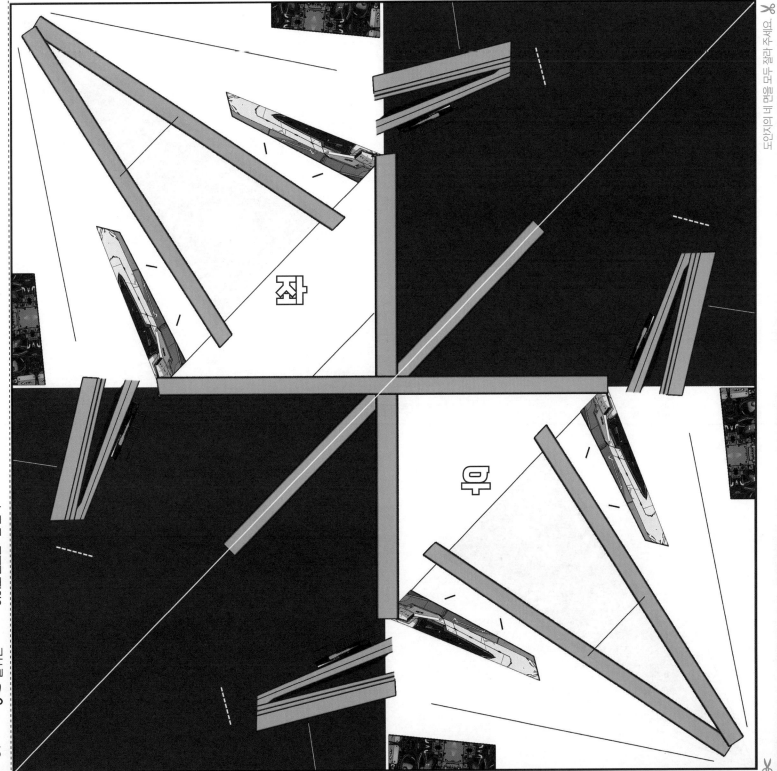

절취선 하이로 빌드맨 - 볼블랙

짜

우

좌

우

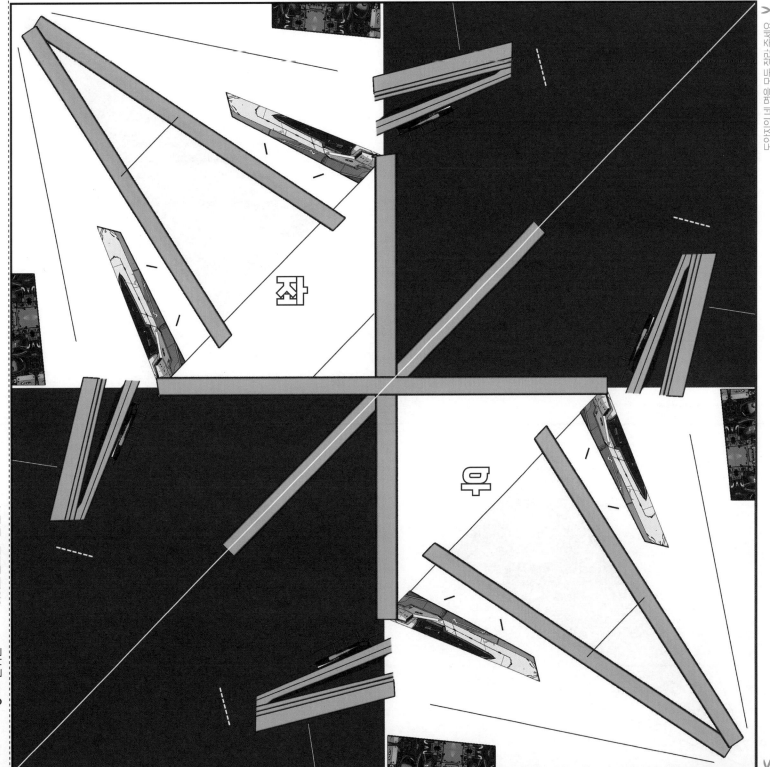

좌

우

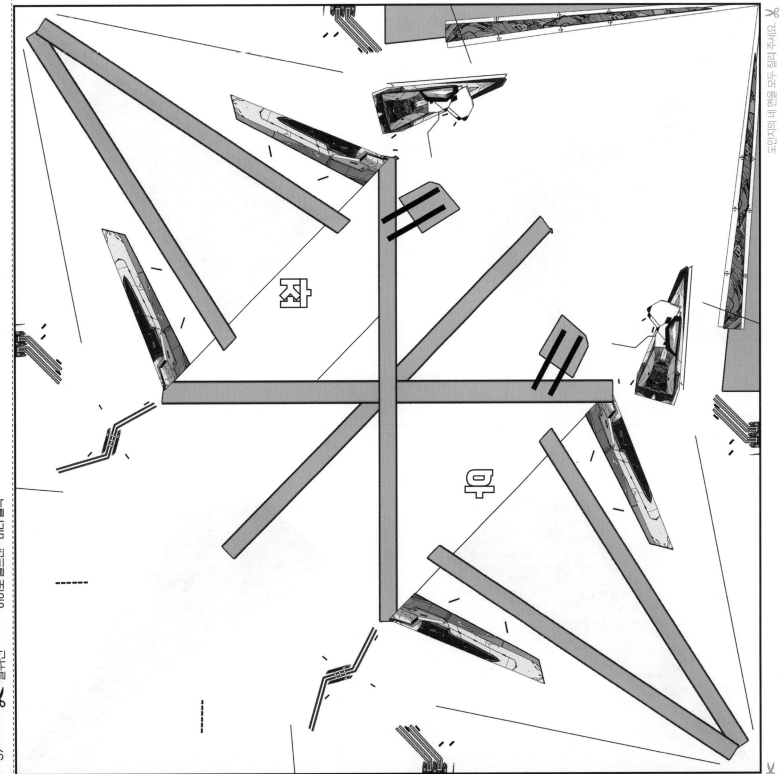

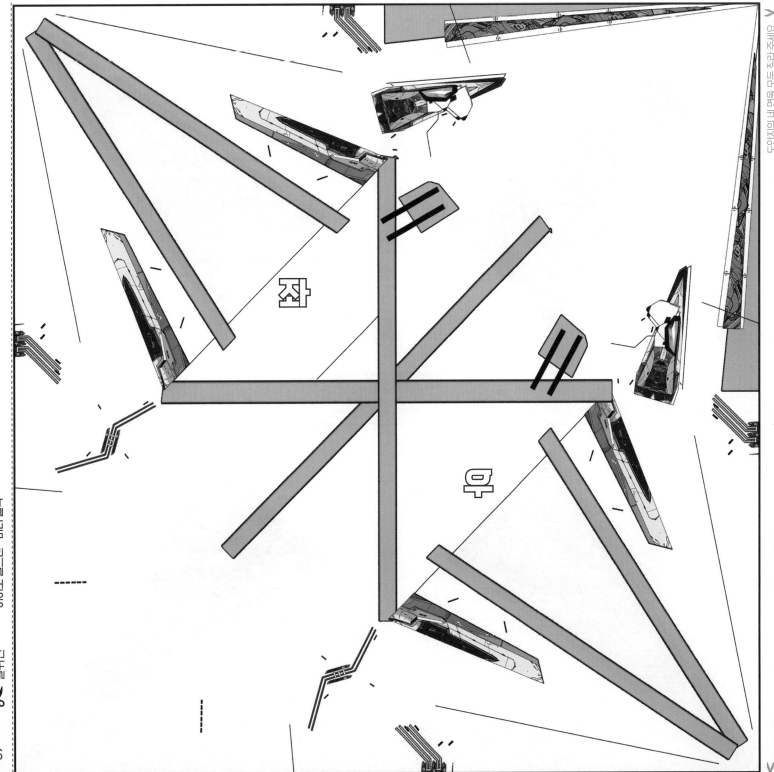

히어로 빌드맨
머리 블록

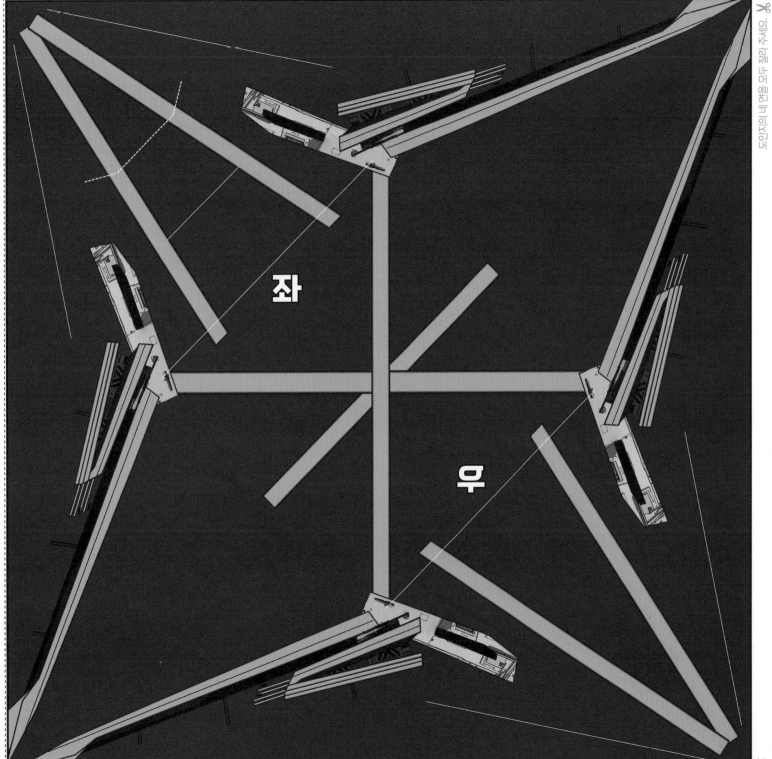

좌

우

메가 빌드 워리어
* 등 날개 블록 *

좌

우

절취선 　메가 빌드 워리어 - 등날개 블록

좌

우

좌

우

좌

우

메가 빌드 워리어
* 다리 확장 블록 *

좌

우

메가 빌드 워리어
* 다리 확장 블록 *

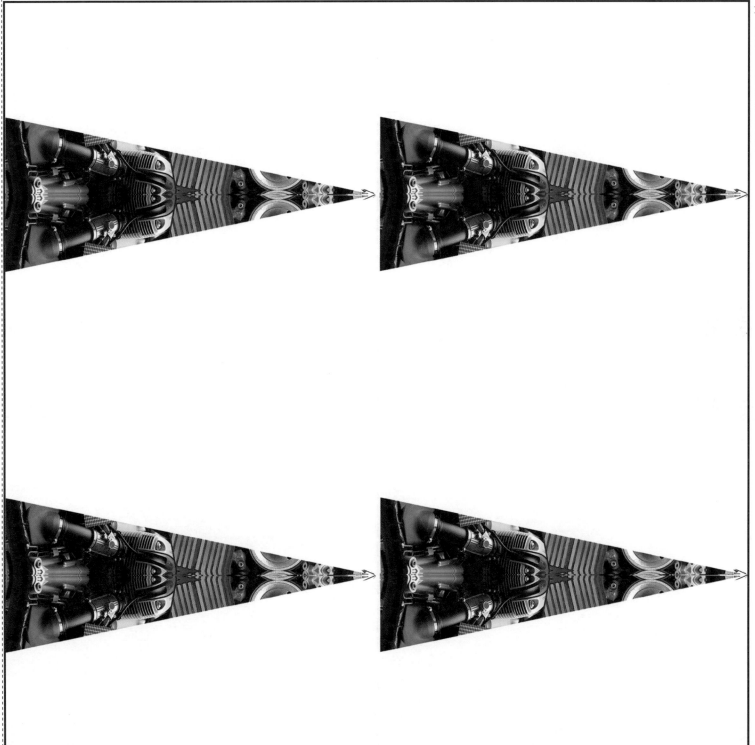

절취선

골리앗 페가수스 - 다리 강화 부품

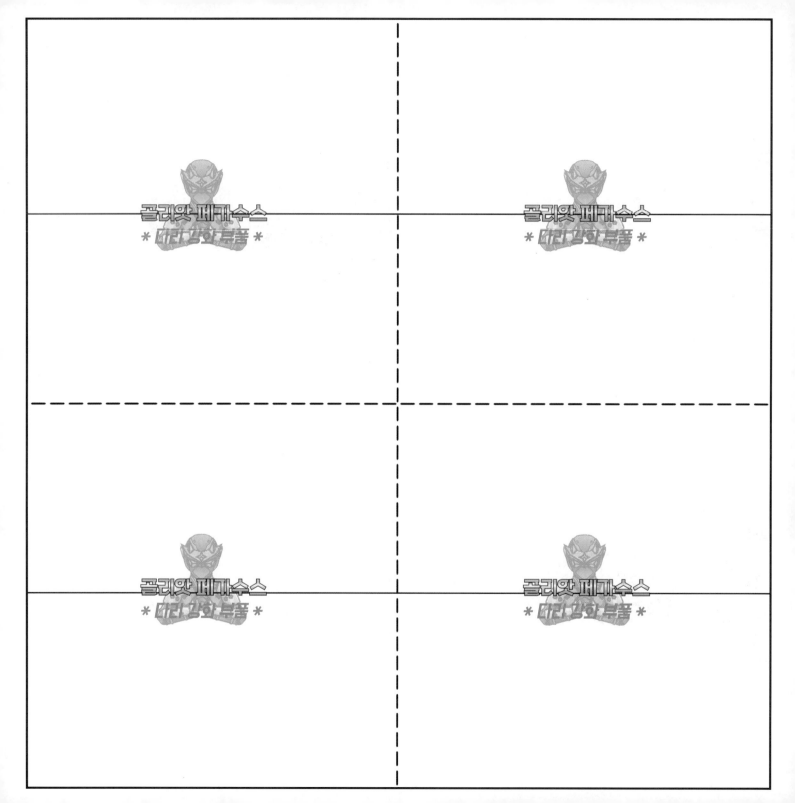

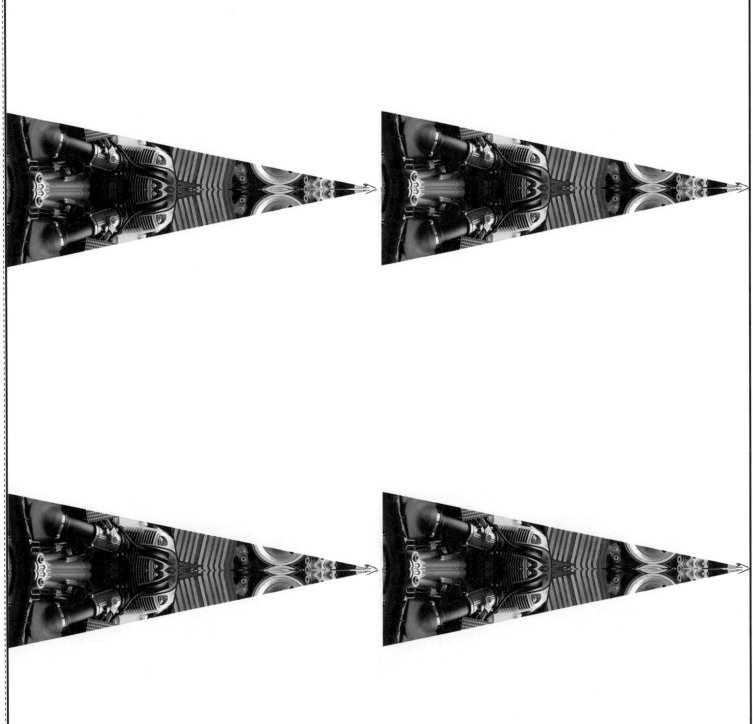

절취선

절취선

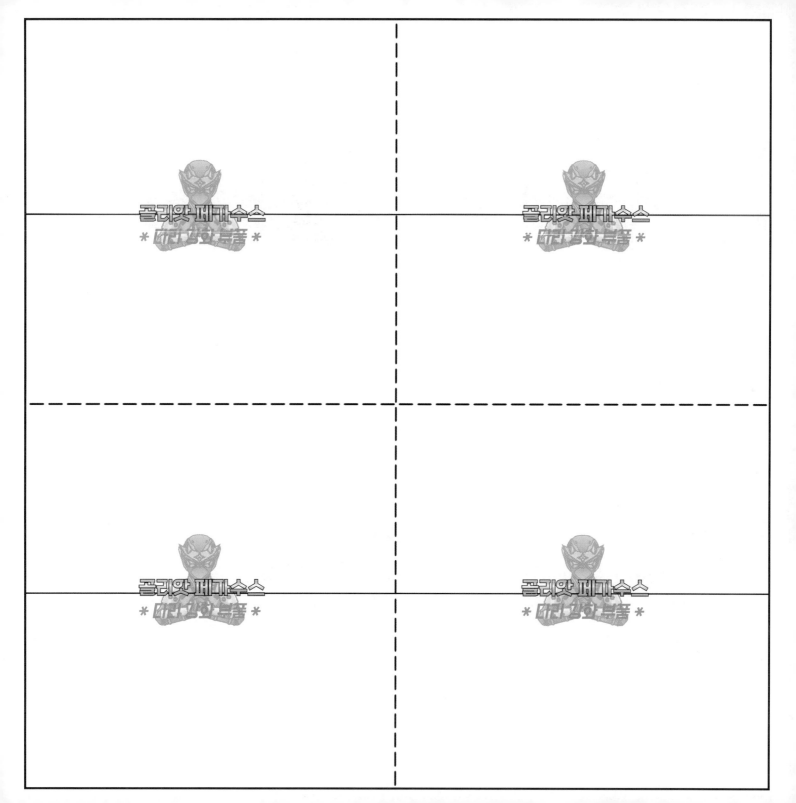

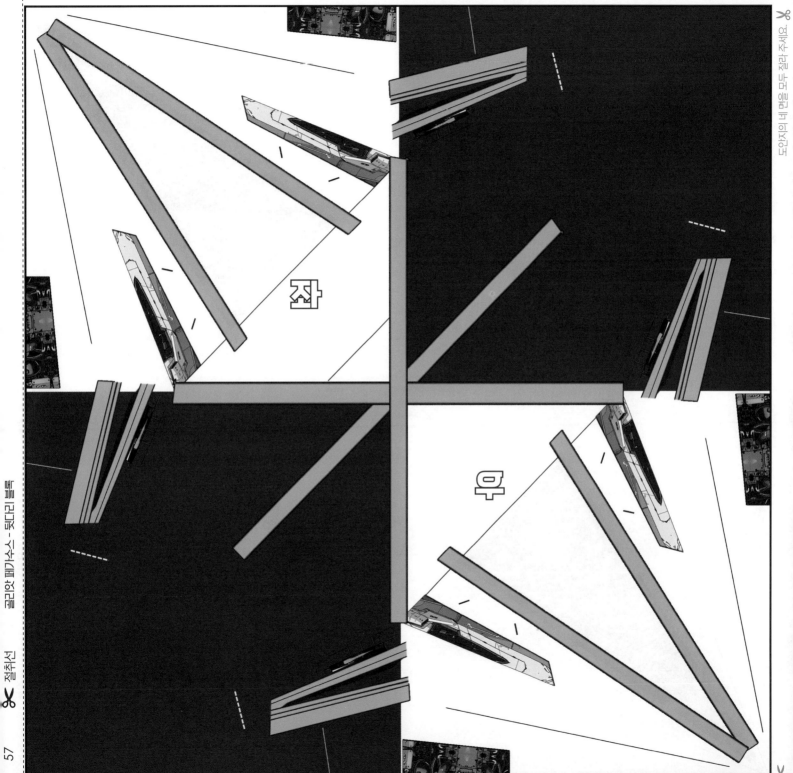

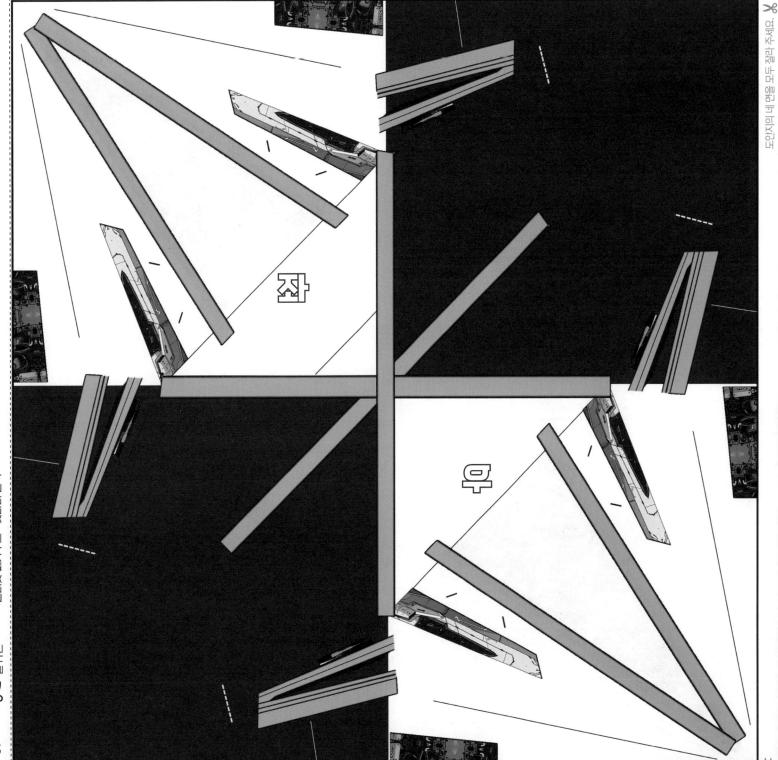

자

위

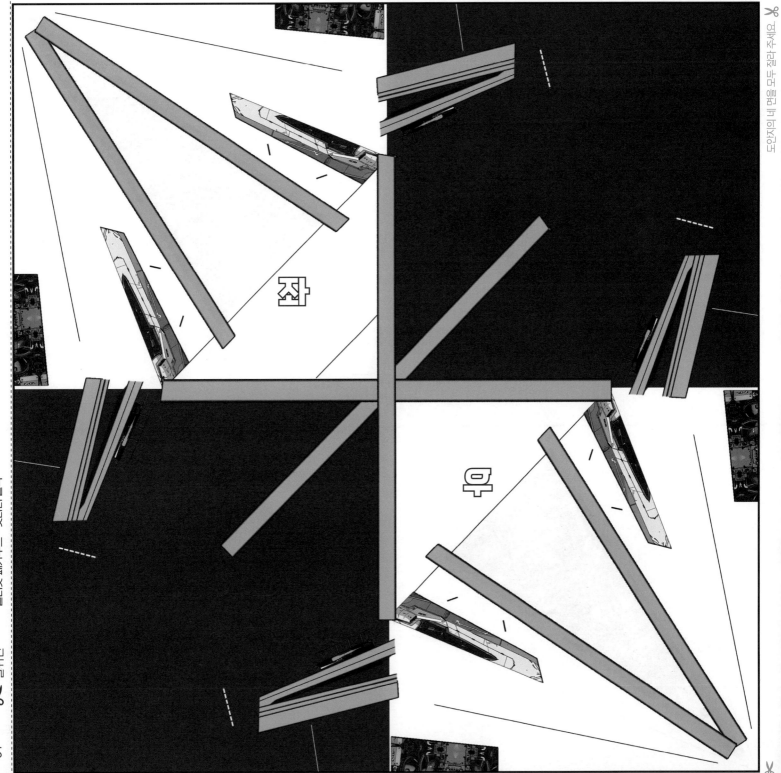

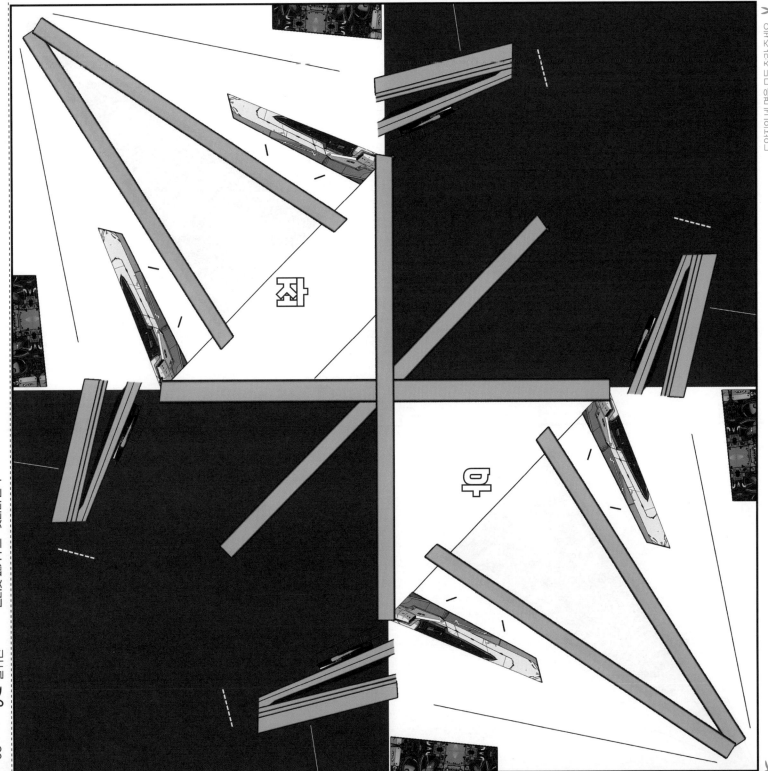

좌

우

"엑세쿠러블 훗 머리맨데 비이안도

꿀리앗 페가수스 - 뒷다리 블록

정취선

63

좌

우

좌

우

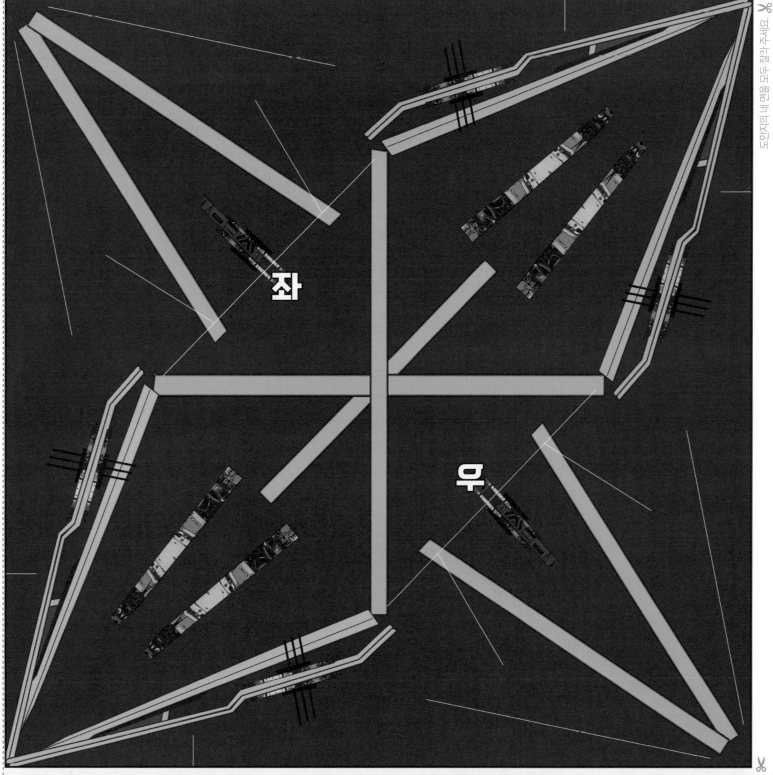

좌

우

좌

우

골리앗 폐기수소 - 뒷발 블록

정취선

젛

앞

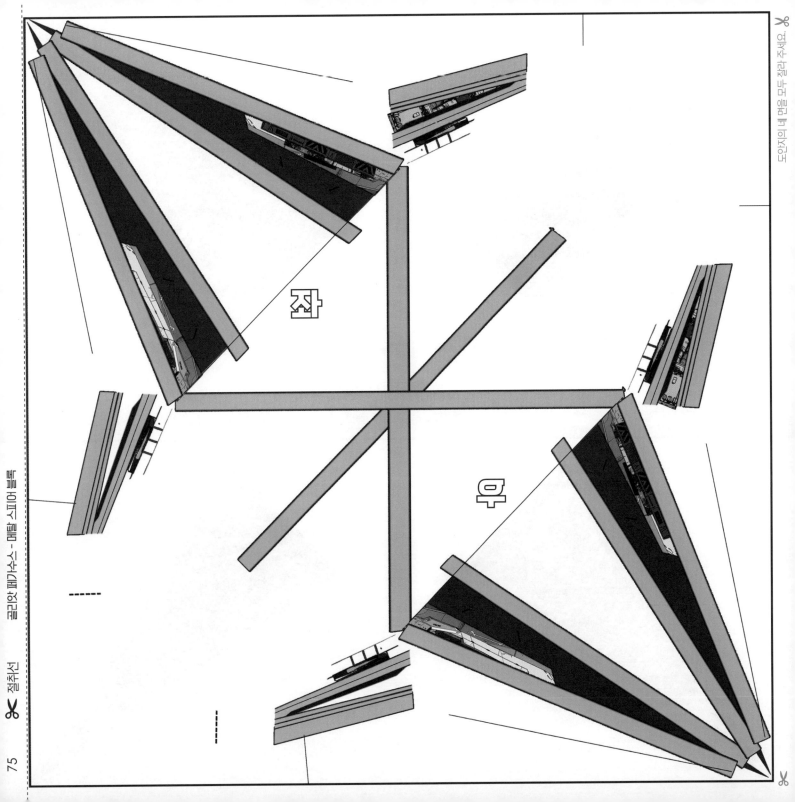

좌

우

골리앗 페가수스
* 메탈 스피어 등록 *

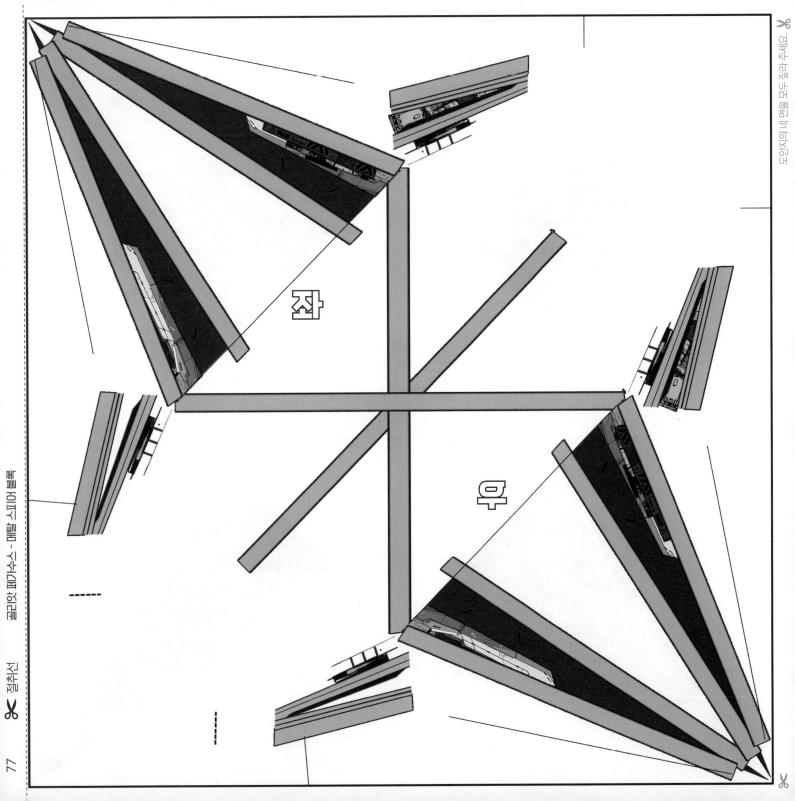

정취선 골리앗 페가수스 - 메탈 스피어 블록

좌

우

골리앗 페가수스
* 메탈스피어 등록 *

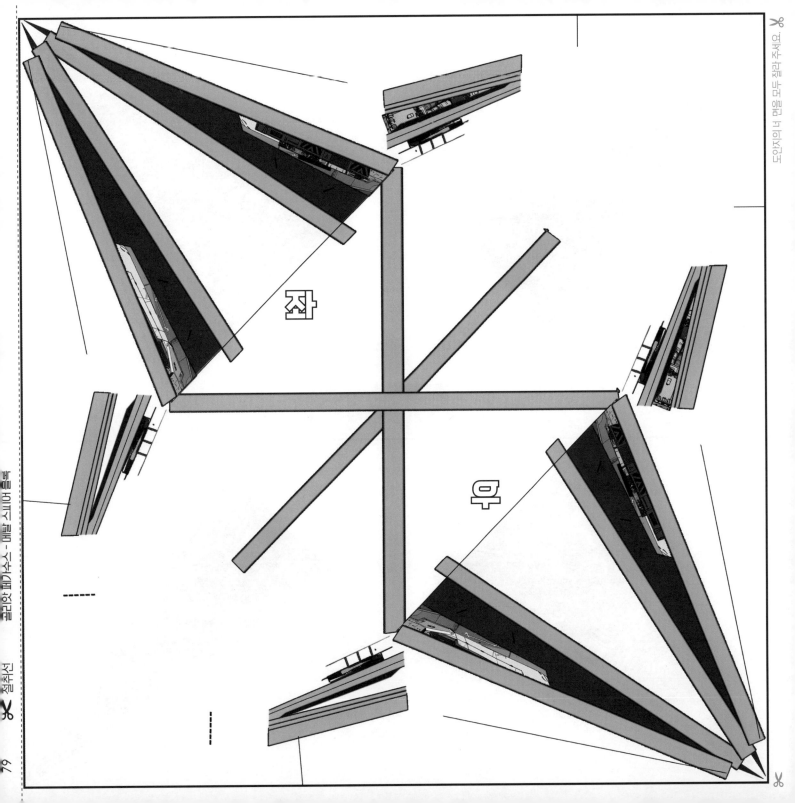

좌

우

절취선

꿀라앗 페가수스 – 메탈 스페어 블록

장수선   기간틱 콜리앗 페기수스 - 매틀 숄더 블록

좌

우

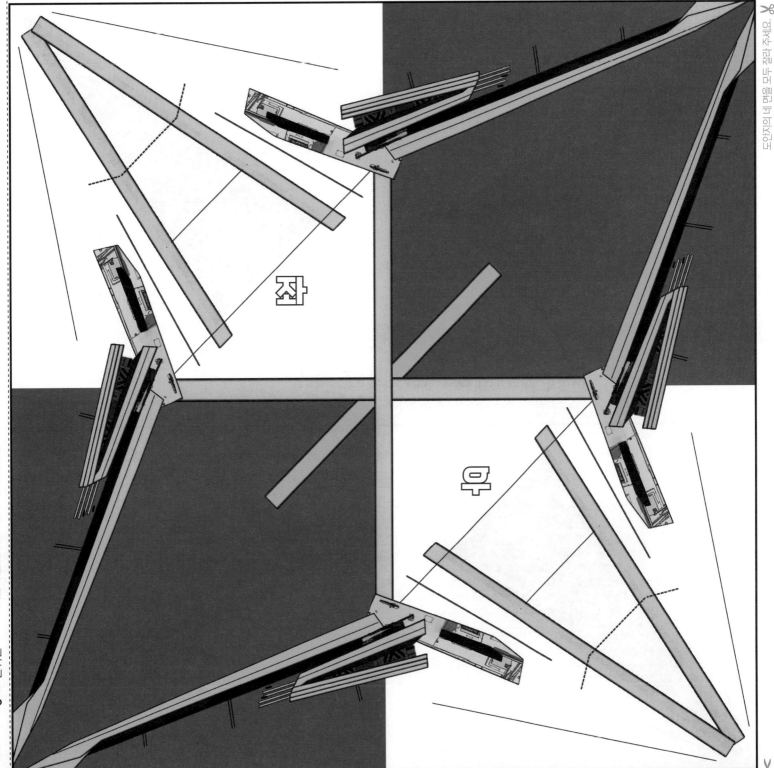

좌

우

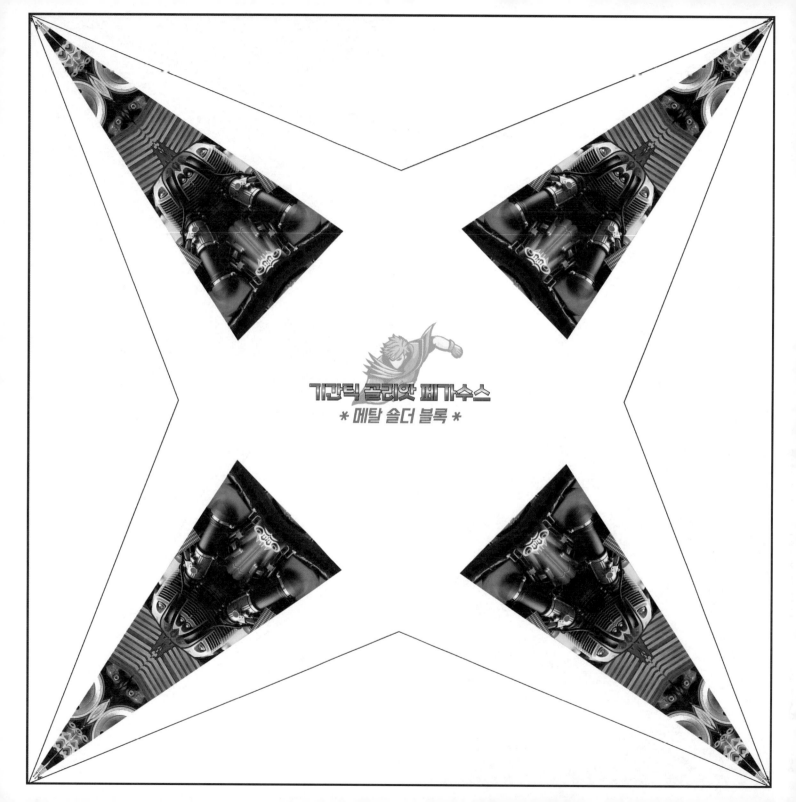

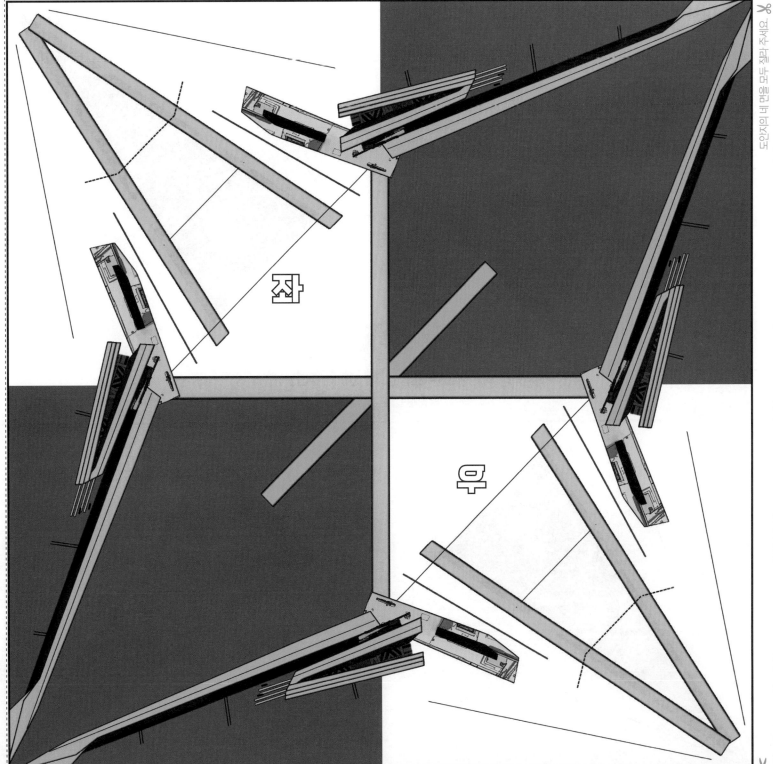

좌

우

기간틱 골리앗 페가수스
* 메탈 숄더 블록 *

자르는선   기간틱 콜리엇 페가수스 - 메탈 슬러그 블록

절취선

좌

우

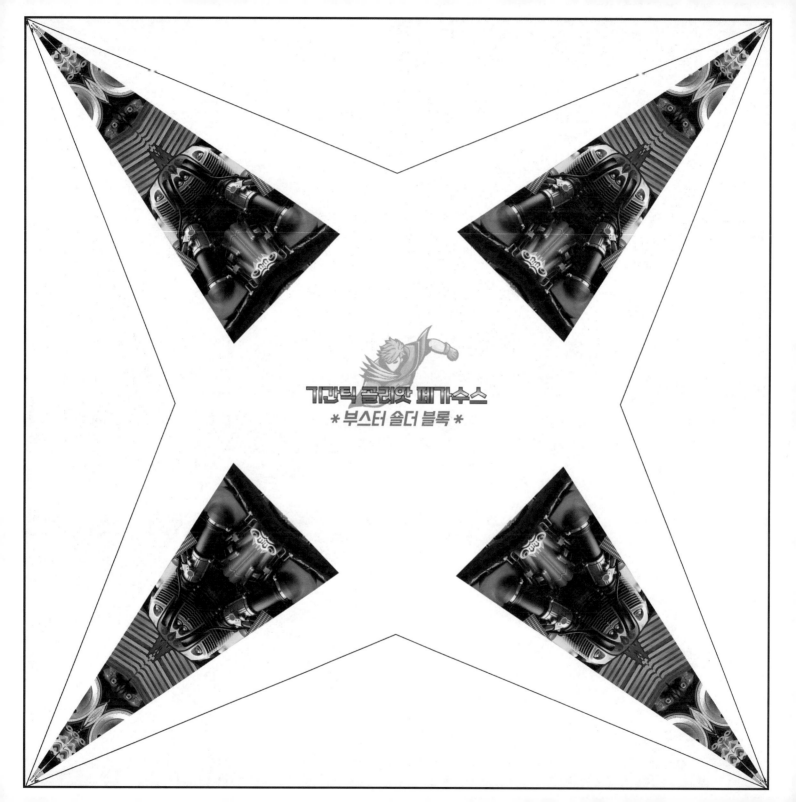

기간틱 골리앗 페가수스
＊부스터 숄더 블록＊

좌

우

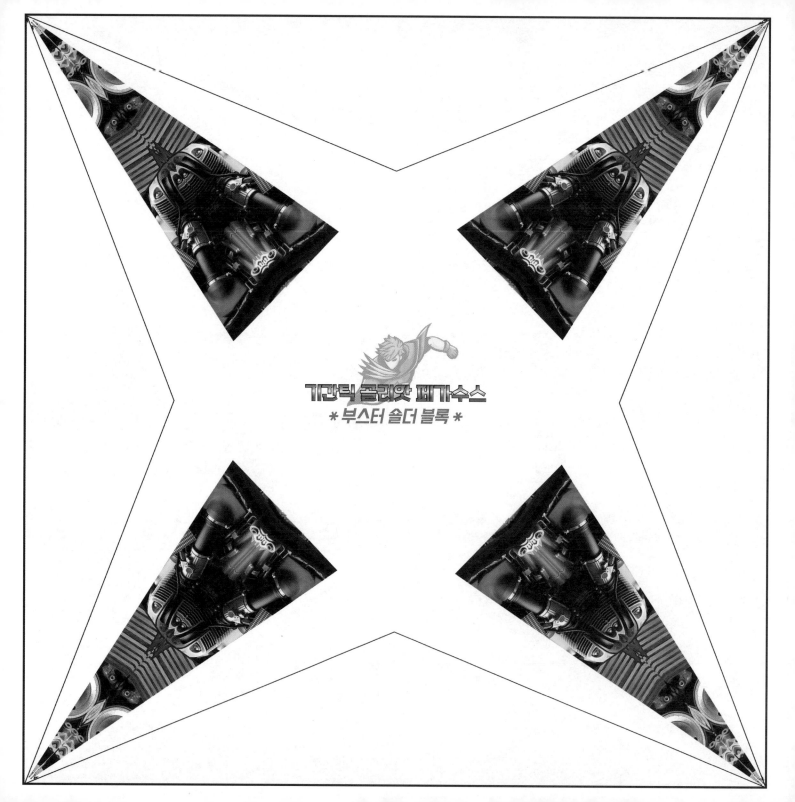

좌

우

기간틱 골리앗 페가수스
부스터 숄더 블록

좌

우

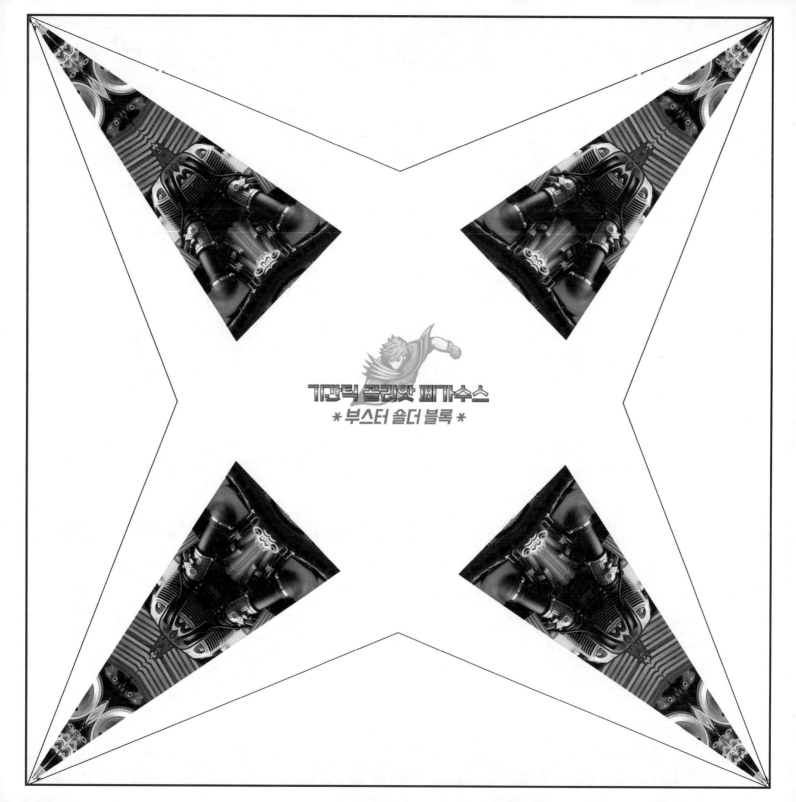

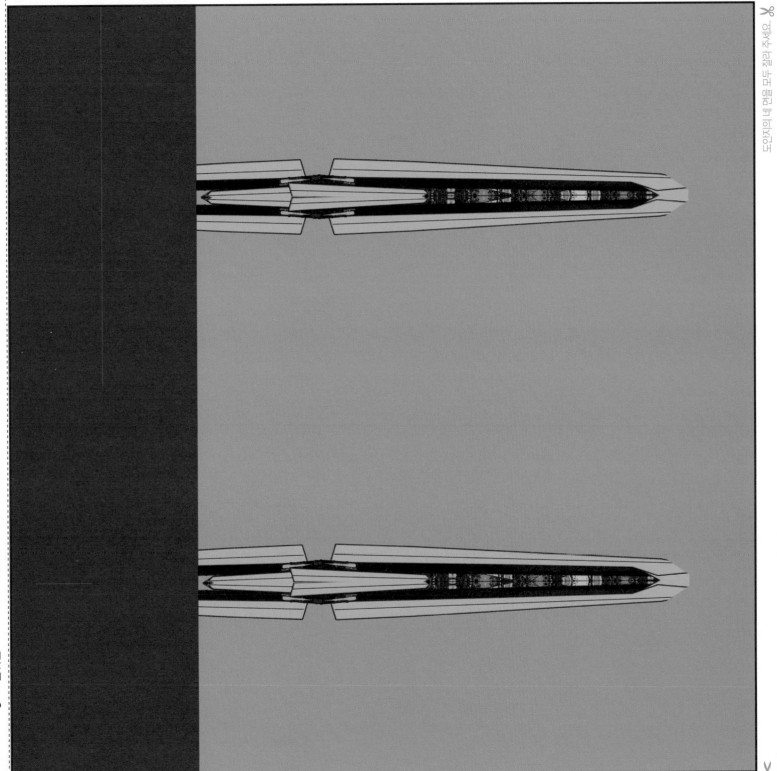

기간틱 콜리앗 페가수스
* 부서진 슐더 부품 *

기간틱 콜리앗 페가수스
* 부서진 슐더 부품 *

기간틱 콜리앗 페가수스
* 다리 고정용 부품 *

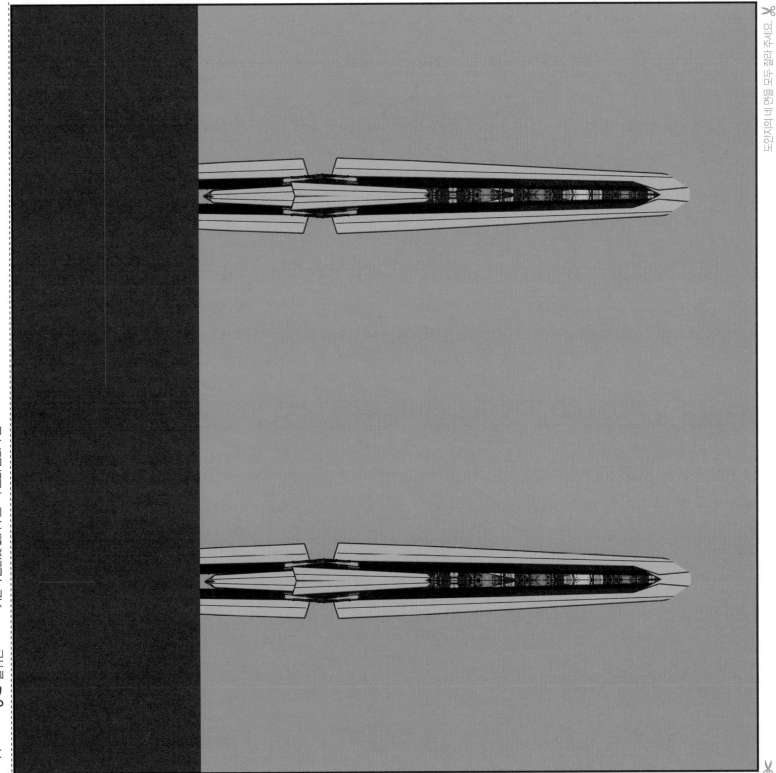

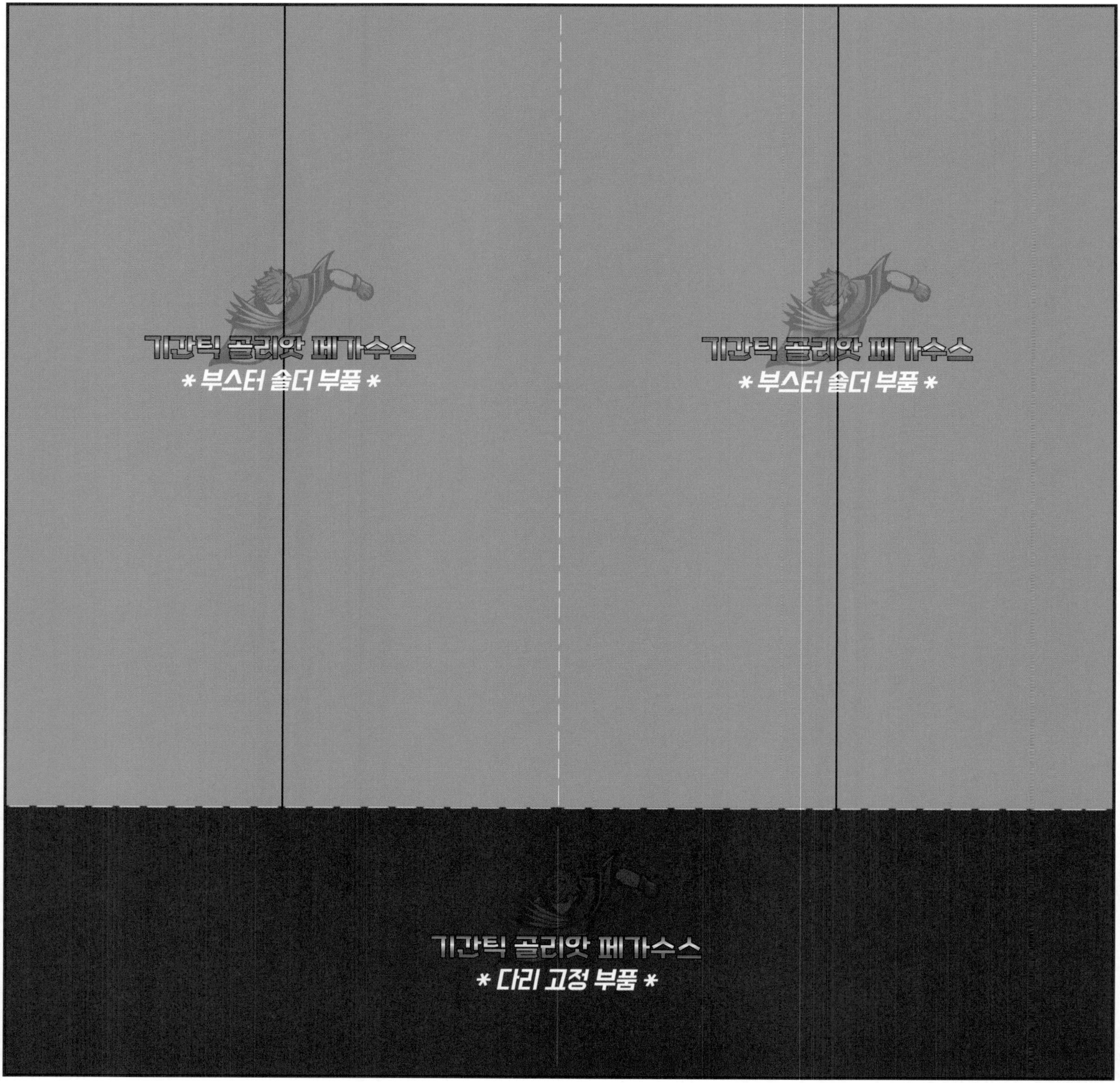

기간틱 골리앗 페가수스
* 불카닉 고리기 *

기간틱 골리앗 페가수스
* 부스터 숄더 볼륨 *

기간틱 골리앗 페가수스
* 볼륨 숄더 부스터 *

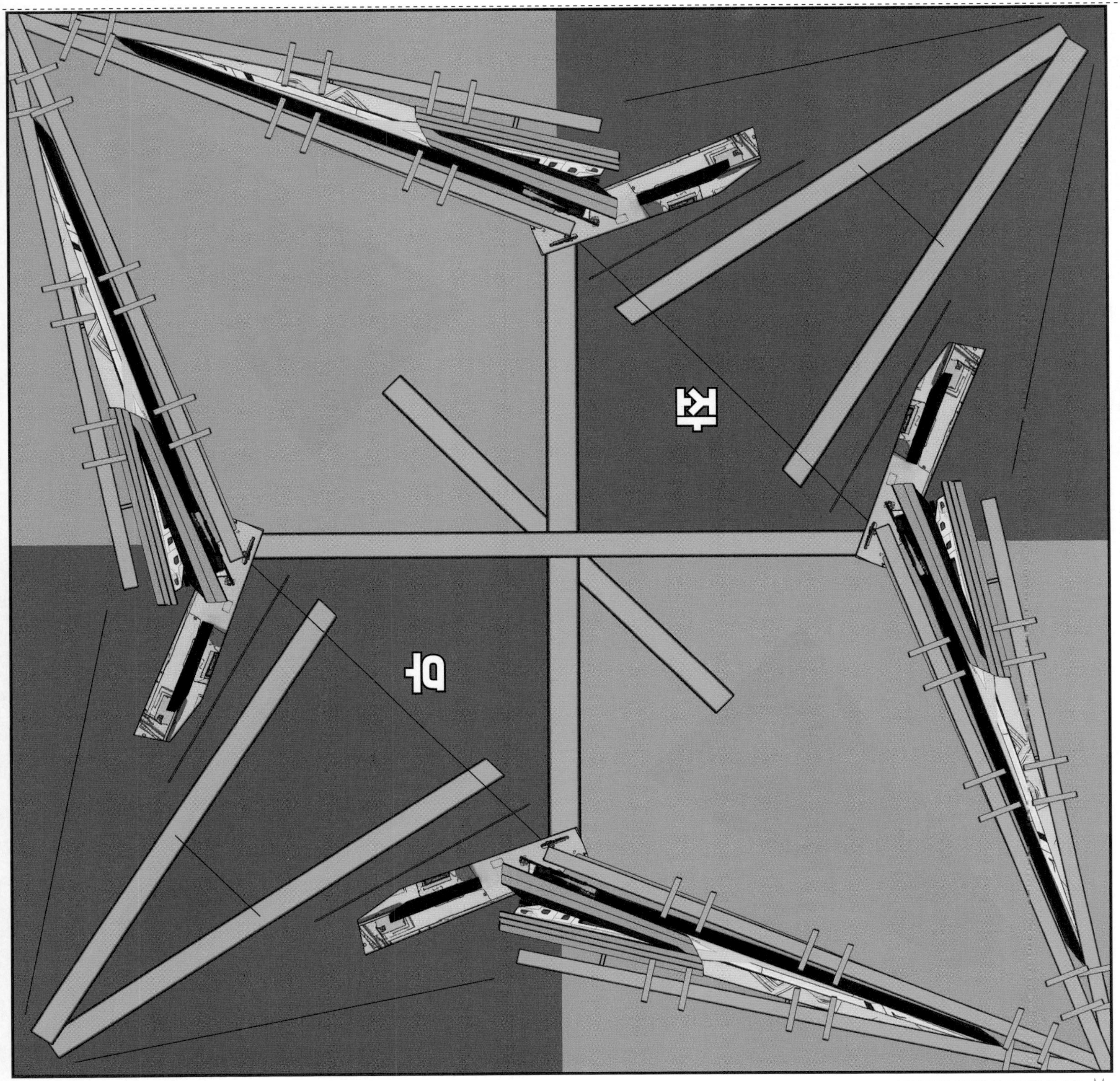

히어로 폐가수소 워리어 - 바이올렛 아머 블록

좌

우

히어로 페가수스 워리어
* 바이올렛 아머 블록 *

좌

우

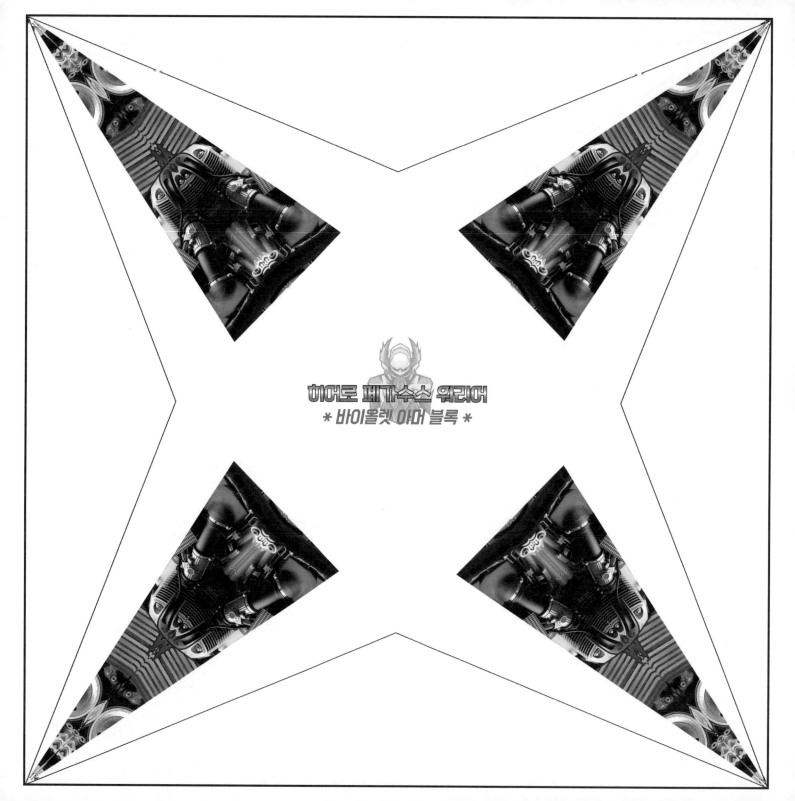

히어로 페가수스 워리어
* 바이올렛 아머 블록 *

히어로 페가수스 워리어 - 바이올렛 아머 블록

좌

우

히어로 페가수스 워리어
* 바이올렛 아머 블록 *

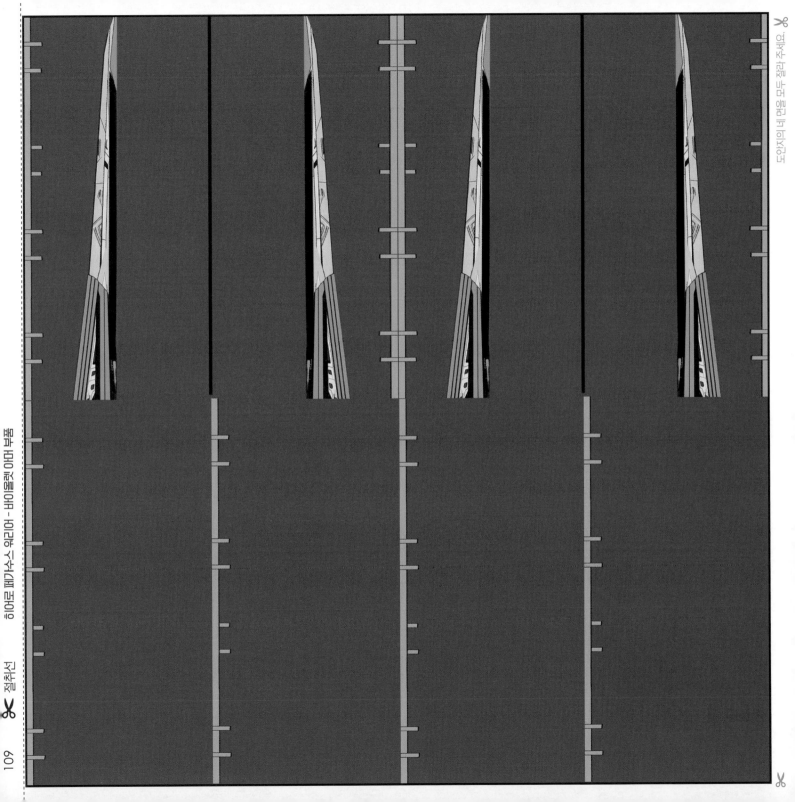

하이드로 페가수스 워리어 - 바이올렛 아래 부품

히어로
페가수스 워리어
* 바이올렛 아머 부품 2 *

히어로
페가수스 워리어
* 바이올렛 아머 부품 1 *

히어로
페가수스 워리어
* 바이올렛 아머 부품 2 *

히어로
페가수스 워리어
* 바이올렛 아머 부품 1 *

히어로
페가수스 워리어
* 바이올렛 아머 부품 3 *

히어로
페가수스 워리어
* 바이올렛 아머 부품 3 *

히어로
페가수스 워리어
* 바이올렛 아머 부품 3 *

히어로
페가수스 워리어
* 바이올렛 아머 부품 3 *

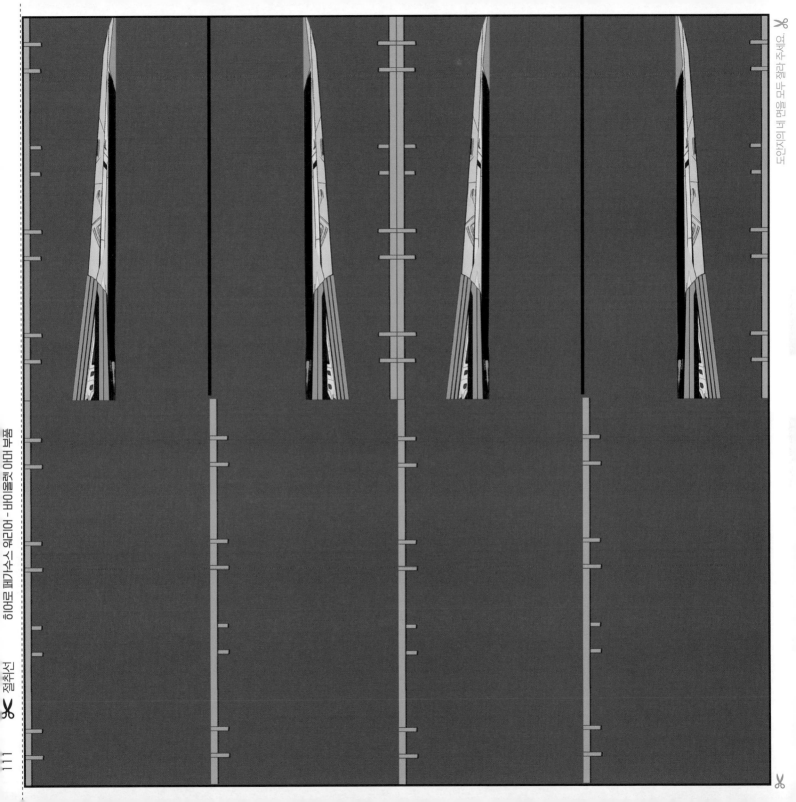

하이터로 페가수스 워리어 - 바이올렛 아머 부품

히어로
페가수스 워리어

* 바이올렛 아머 부품 2 *

히어로
페가수스 워리어

* 바이올렛 아머 부품 1 *

히어로
페가수스 워리어

* 바이올렛 아머 부품 2 *

히어로
페가수스 워리어

* 바이올렛 아머 부품 1 *

히어로
페가수스 워리어

* 바이올렛 아머 부품 3 *

히어로
페가수스 워리어

* 바이올렛 아머 부품 3 *

히어로
페가수스 워리어

* 바이올렛 아머 부품 3 *

히어로
페가수스 워리어

* 바이올렛 아머 부품 3 *

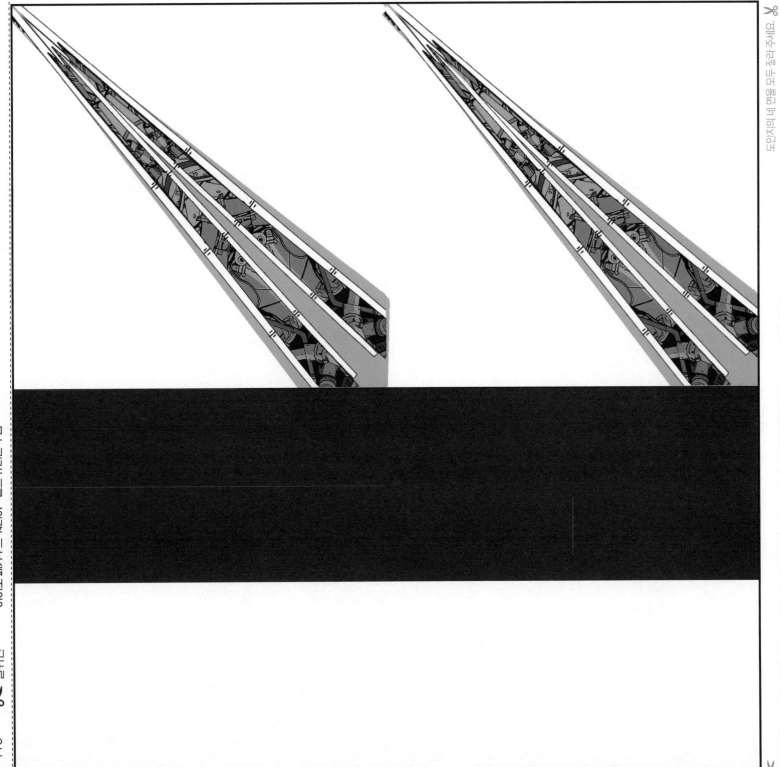

히어로 페가수스 워리어
* 골드 유니콘 부품 *

히어로 페가수스 워리어
* 골드 유니콘 부품 *

히어로
페가수스 워리어
* 다리 고정 부품 *

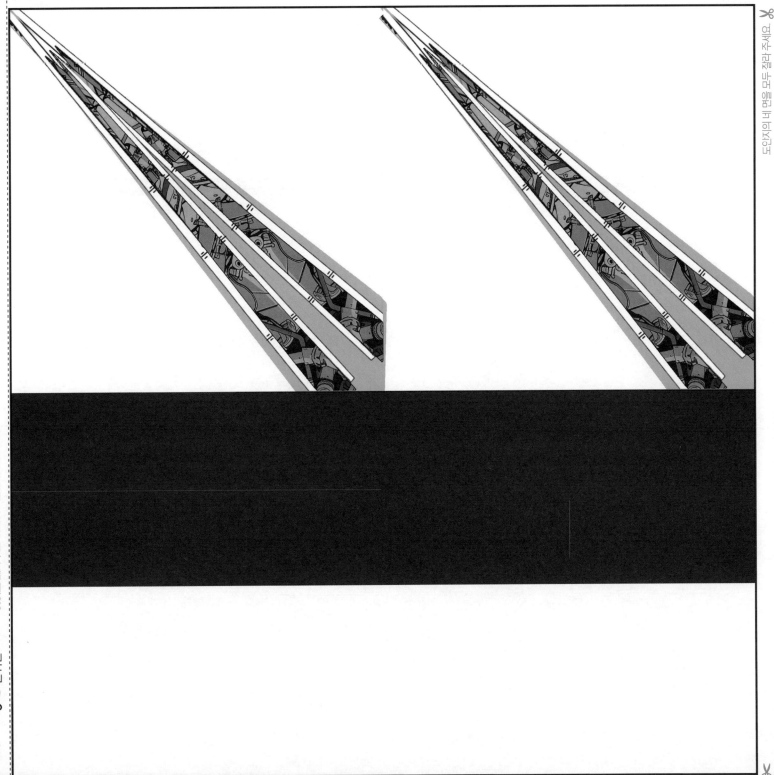

히어로 페가수스 워리어
* 골드 유니콘 부품 *

히어로 페가수스 워리어
* 골드 유니콘 부품 *

히어로
페가수스 워리어
* 다리 고정 부품 *

자

우

히어로 페가수스 워리어
* 윙 블록 *

저

아

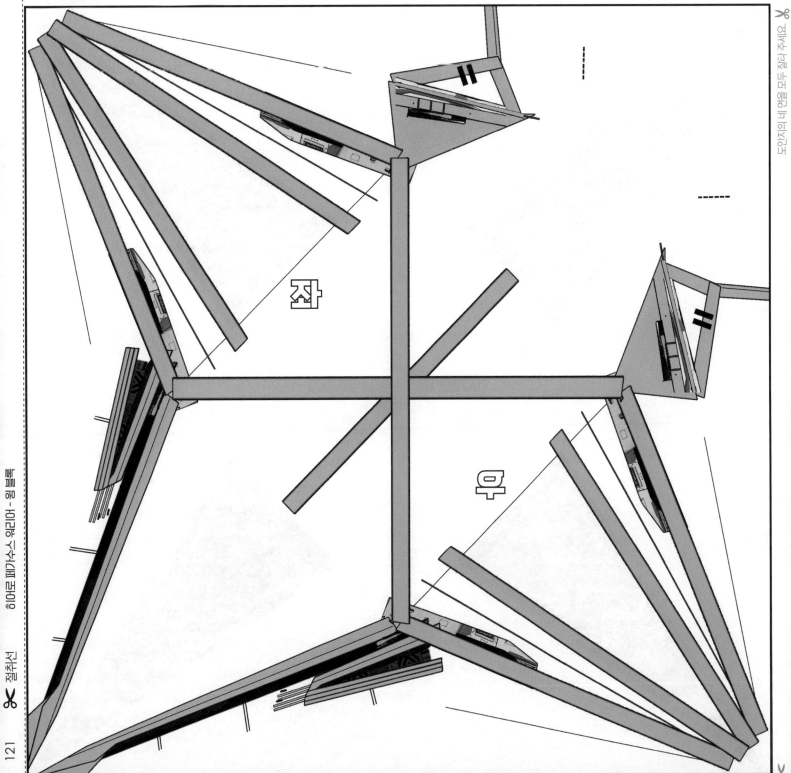

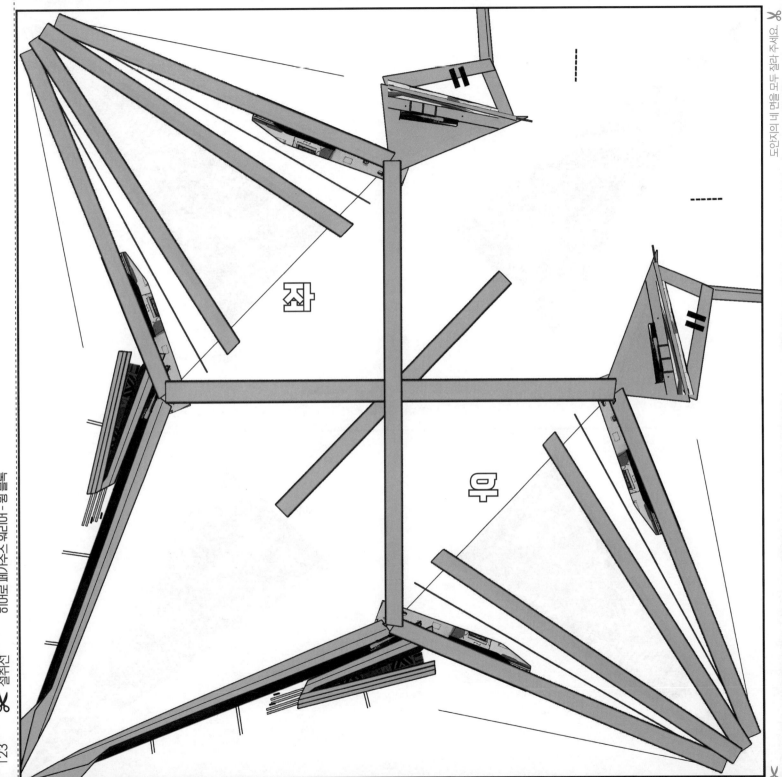

좌

우

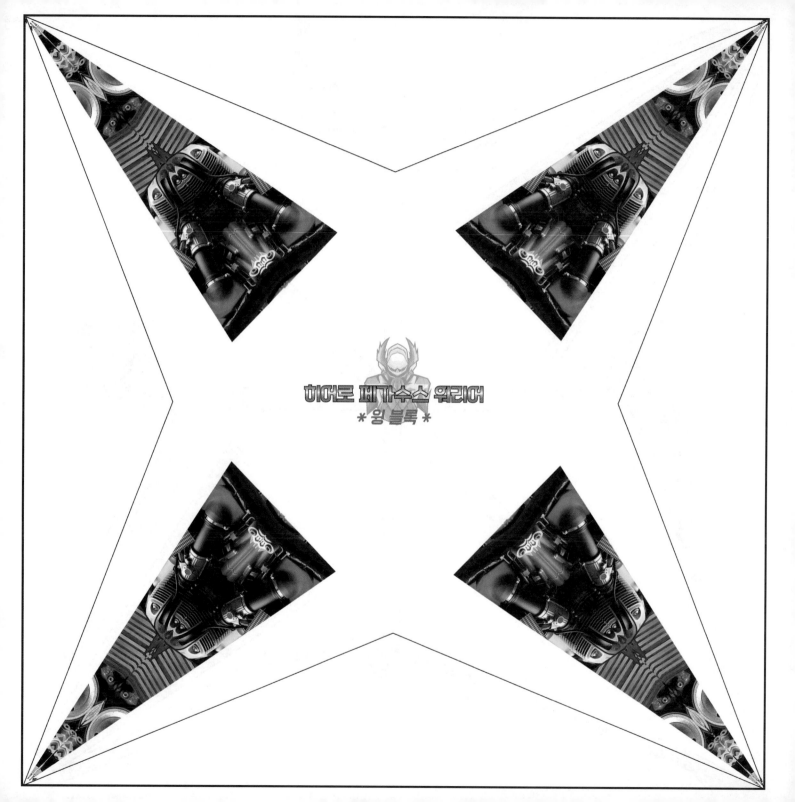

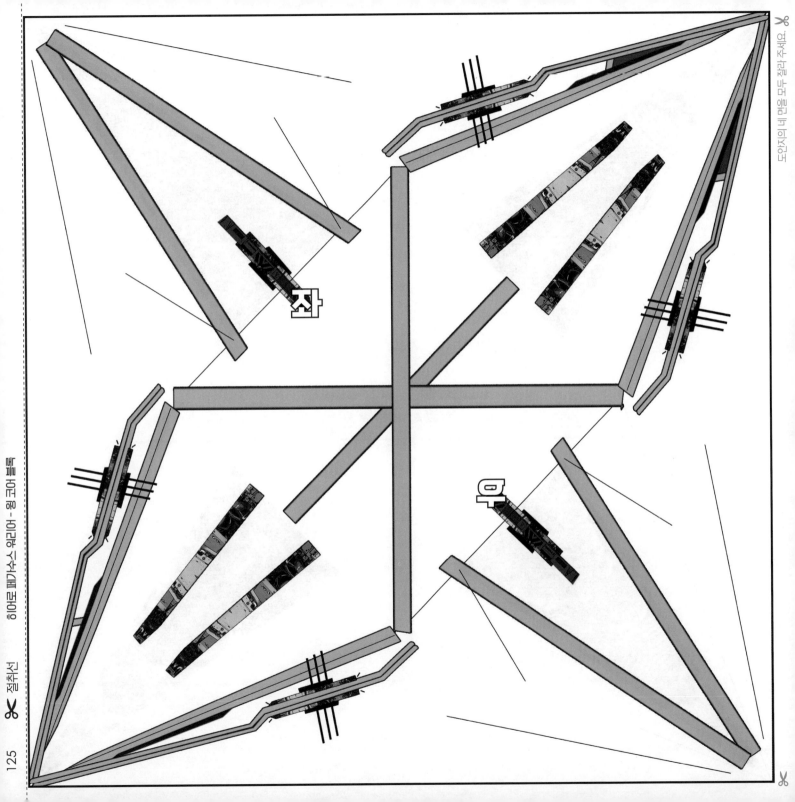

자

유

히어로 페가수스 워리어
* 윙 코어 블록 *

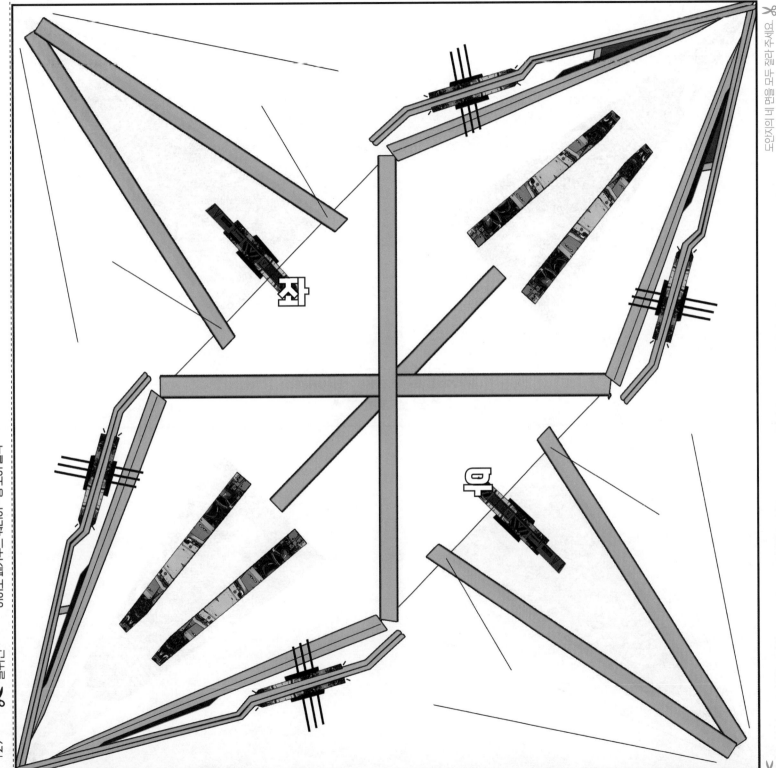

절취선

히어로 페가수스 워리어 - 윙 코어 블록

히어로 페가수스 워리어
* 윙 코어 블록 *

자

우

히어로 페가수스 워리어
* 윙 코어 블록 *

절취선

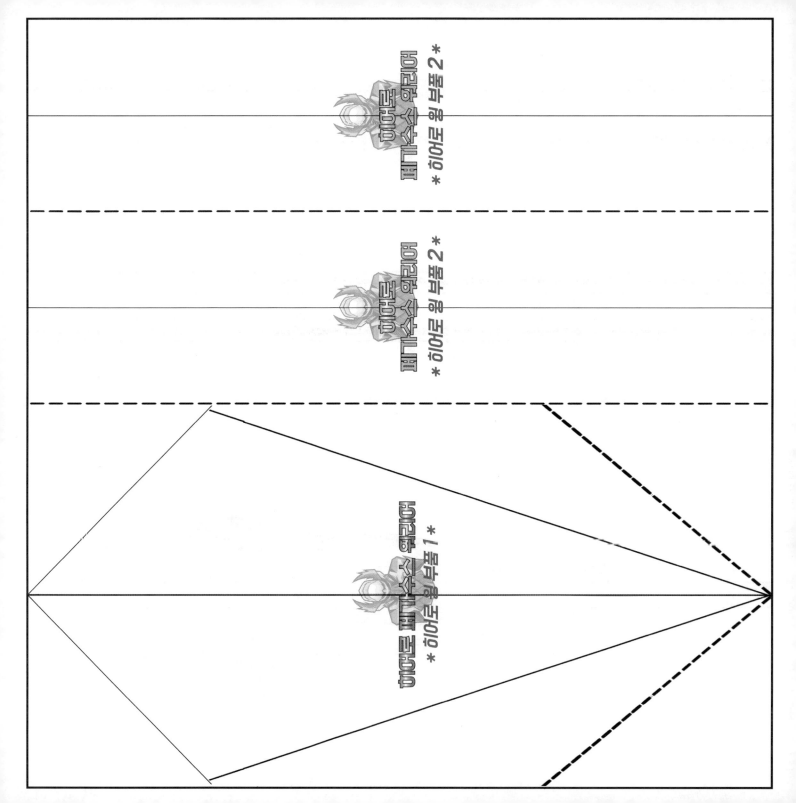

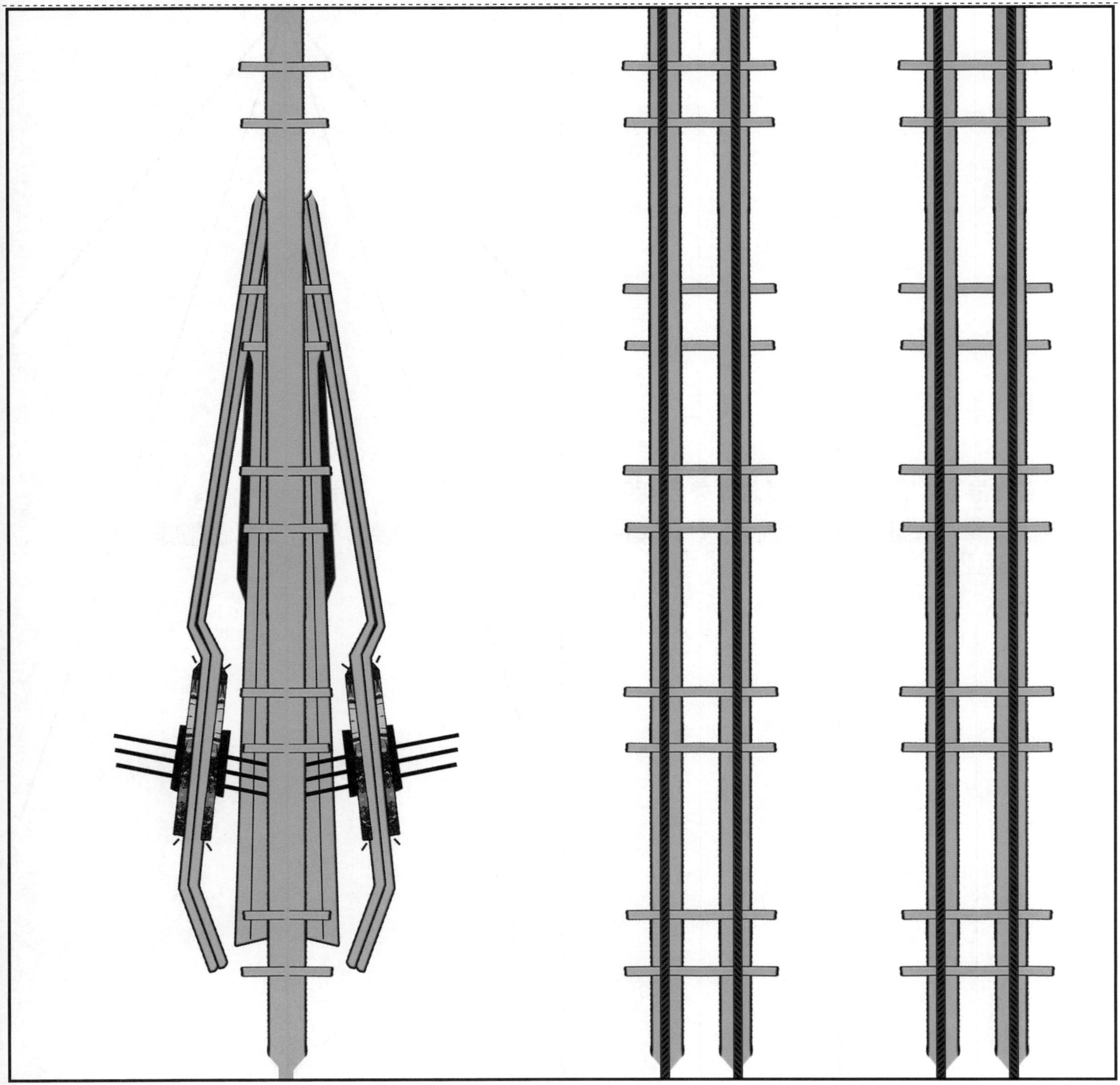

절취선

히어로 월드 히어로 - 히어로 워리어스 패키지로

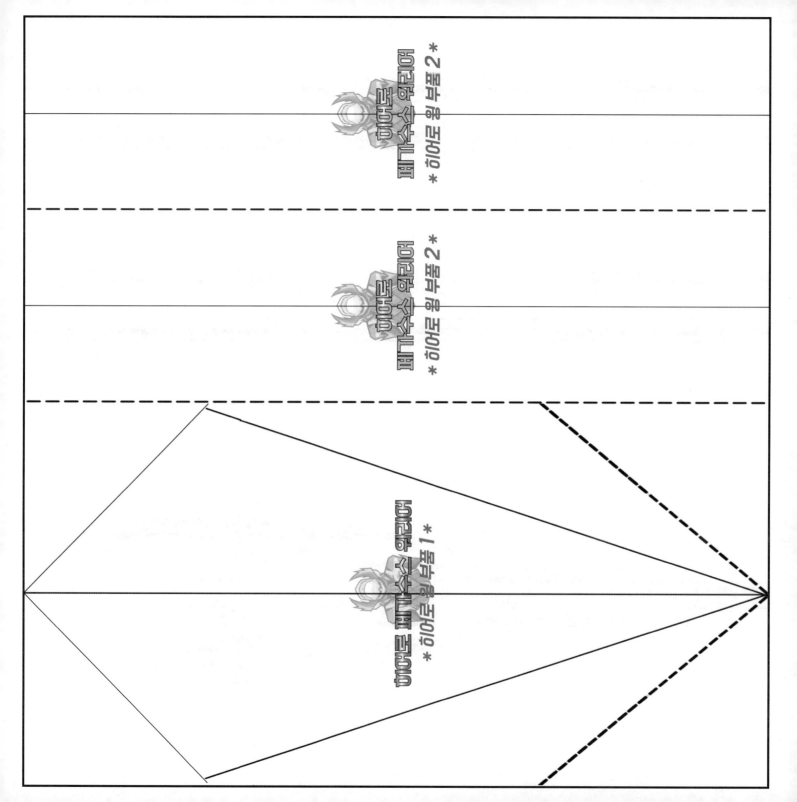

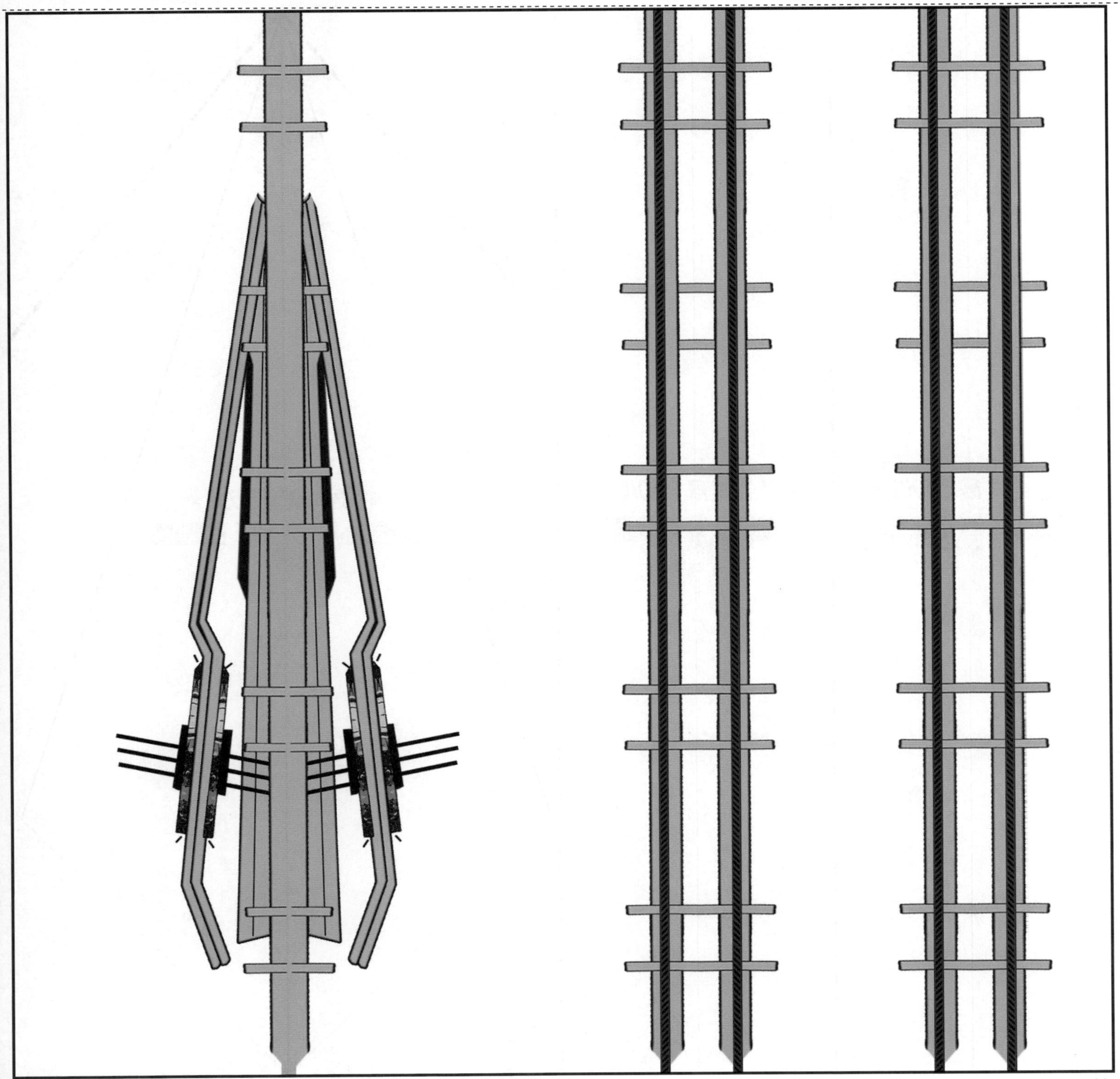

도안지의 네 면을 모두 잘라 주세요.

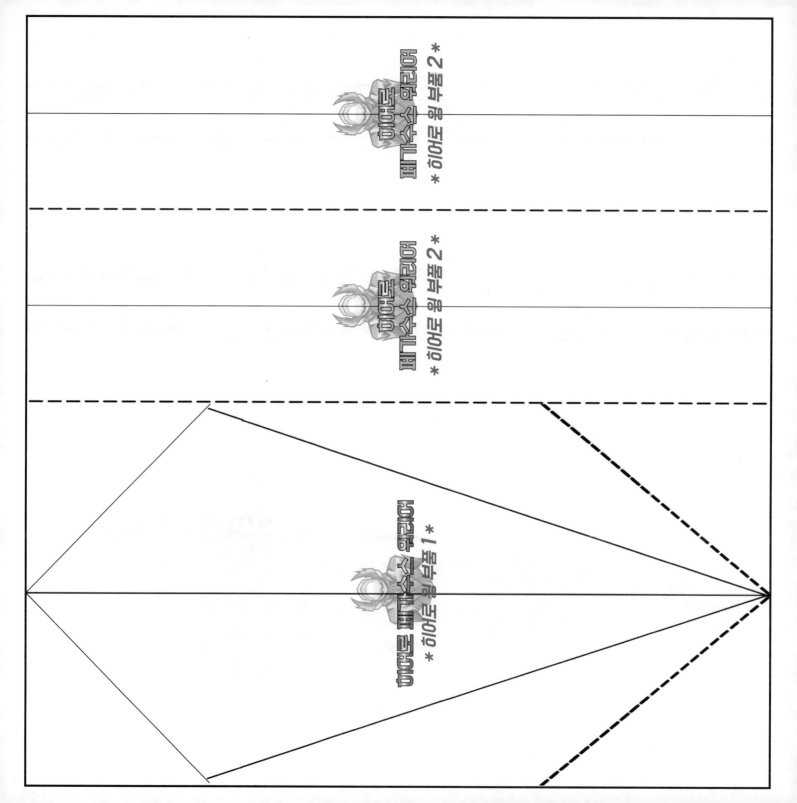

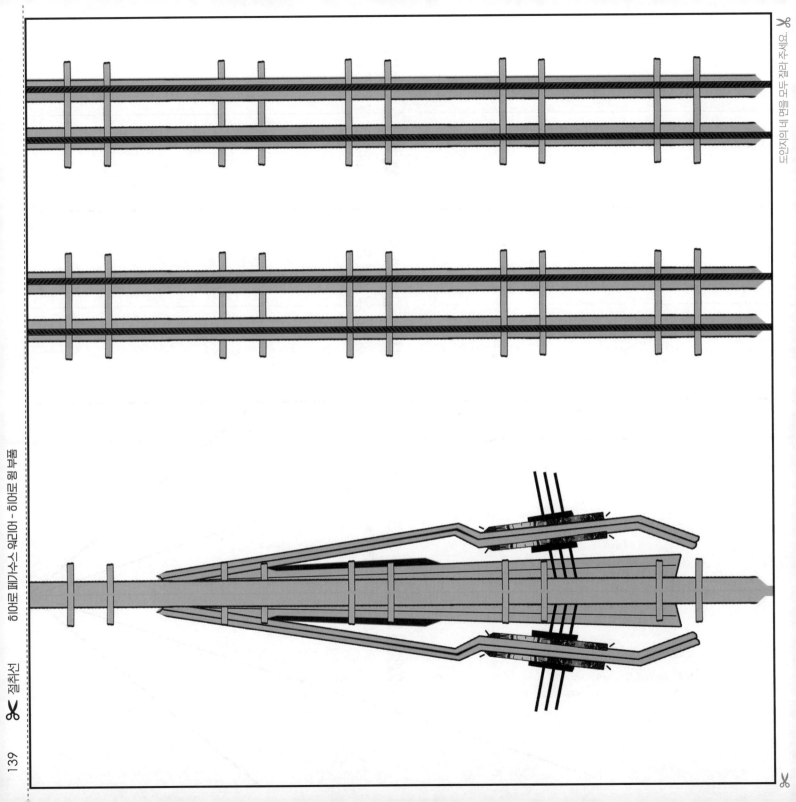

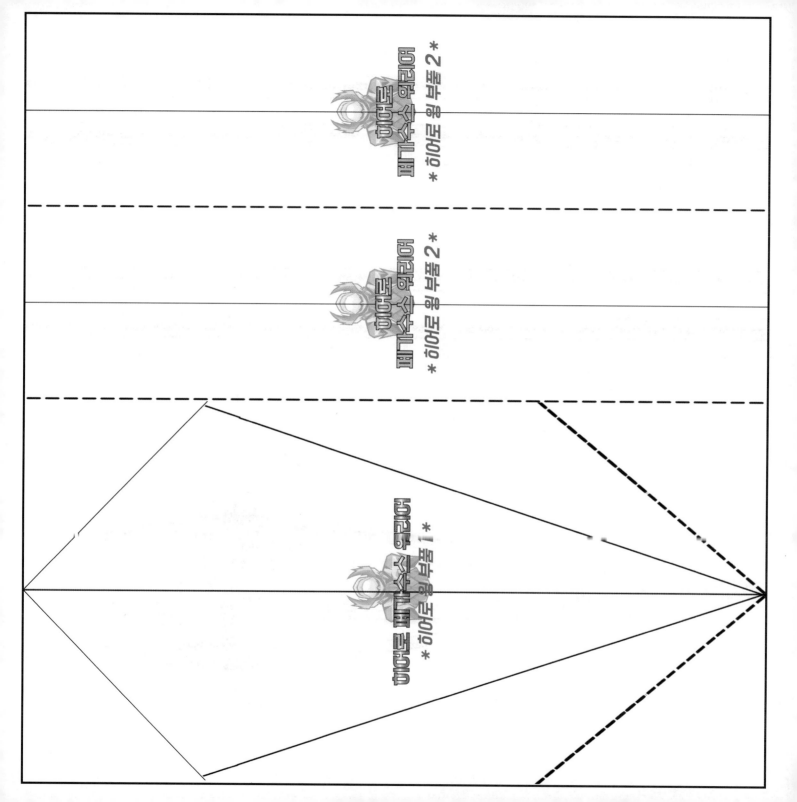

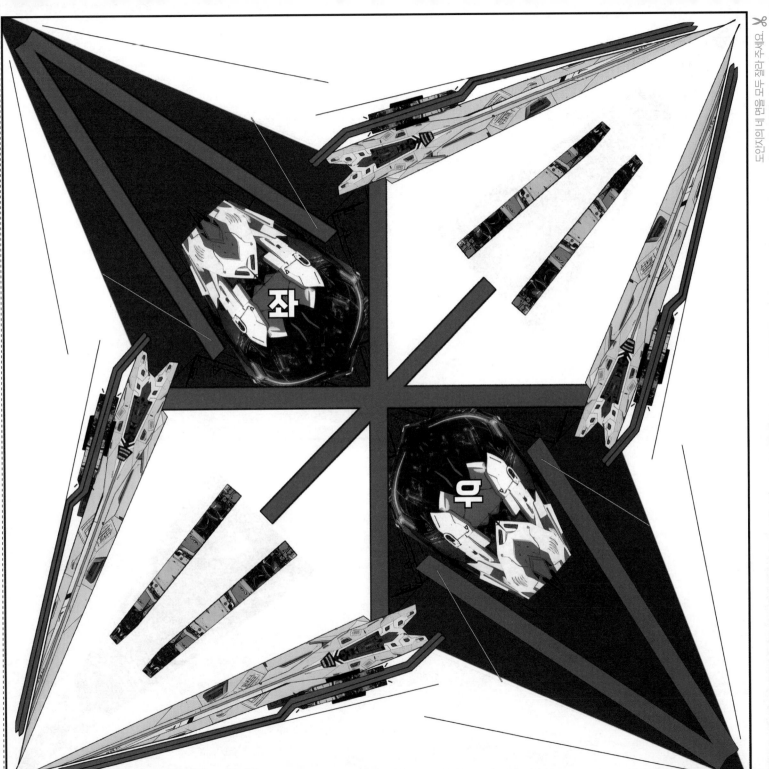

좌

우

히어로 페가수스 워리어
* 히어로 보우 앞 블록 *

전투선

좌

우

✂ 절취선 히어로 페가수스 워리어 - 히어로 보우 뒤 블록

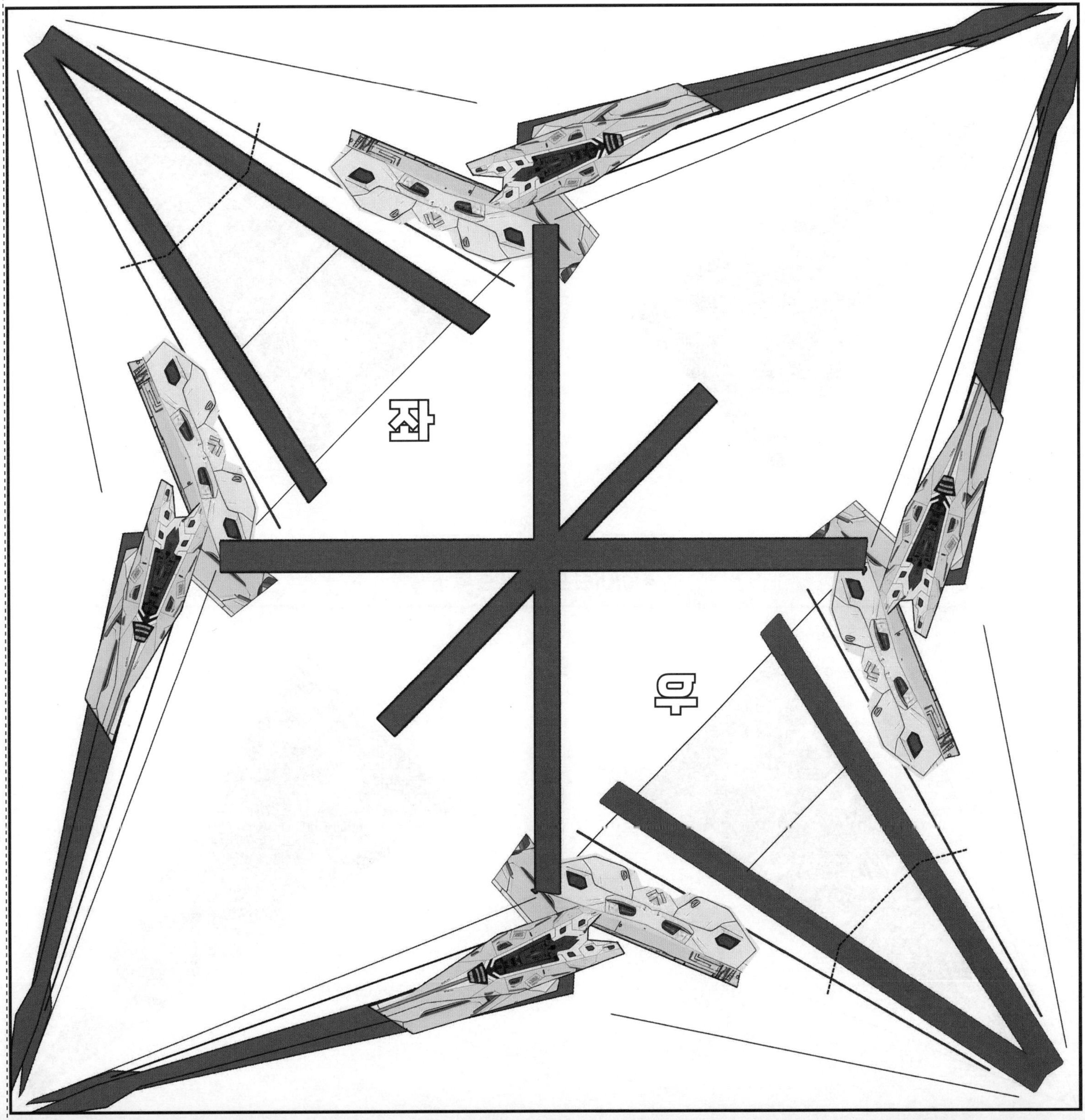

도안지의 네 면을 모두 잘라 주세요.

히어로 페가수스 워리어
* 히어로 보우 뒤 블록 *

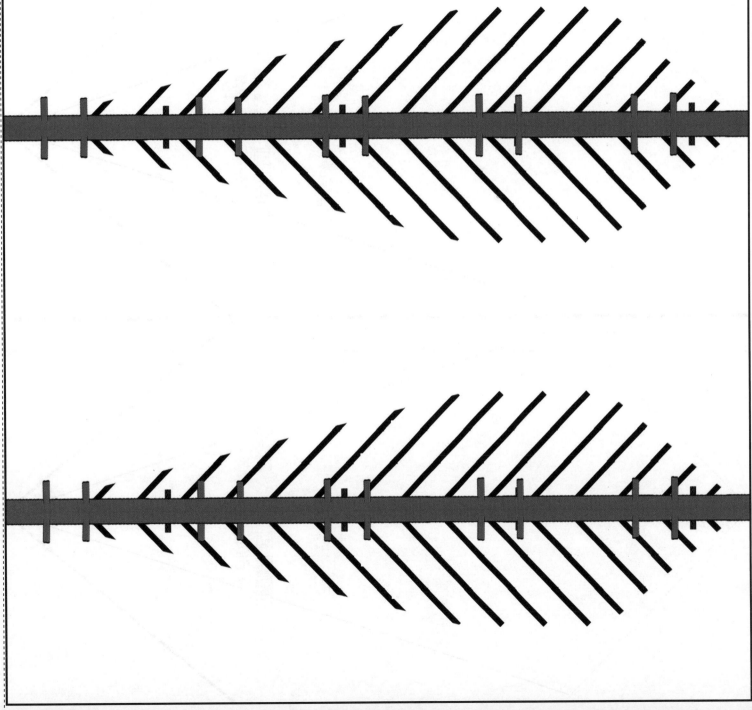

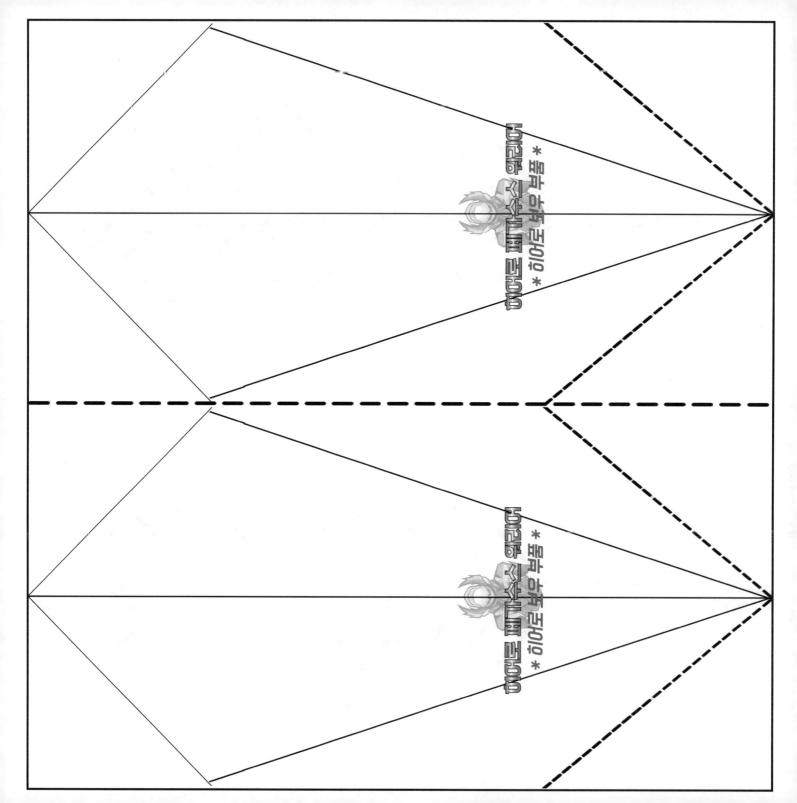

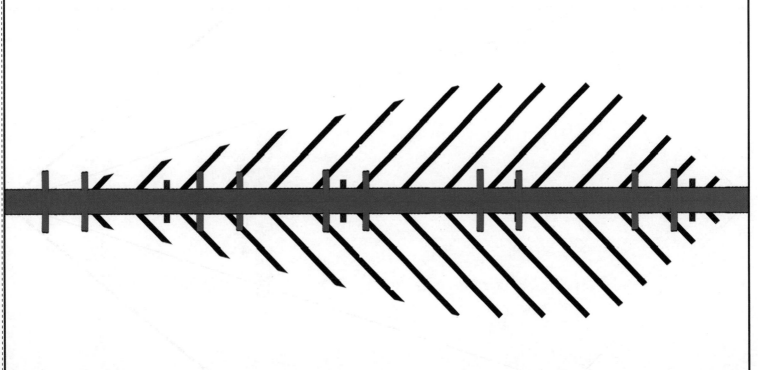

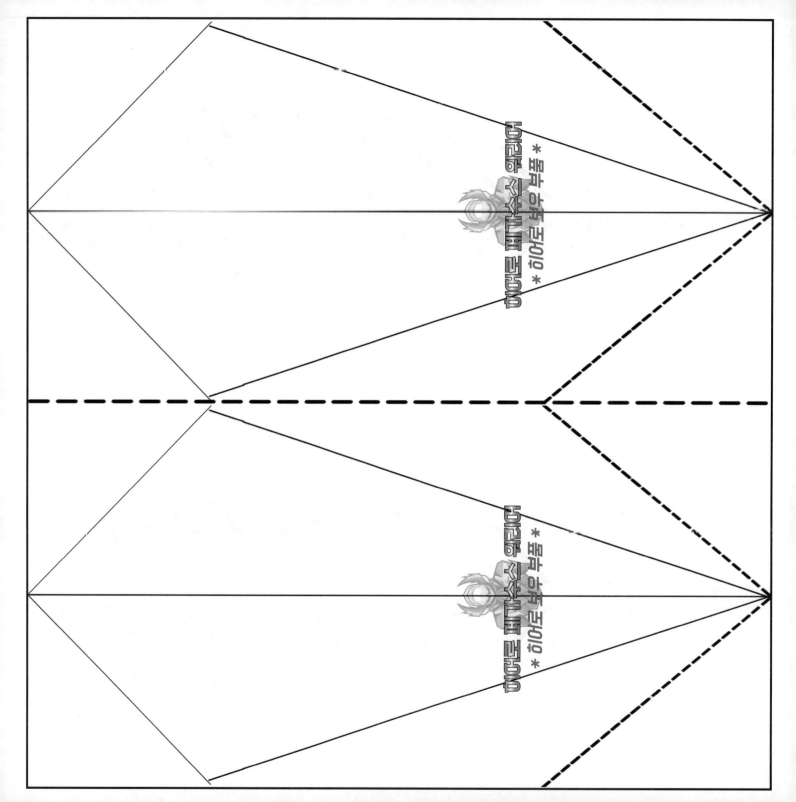

페이퍼빌드 5단 진화 자이언트 로봇 종이접기

학접기 블록 합체! 5단 진화 자이언트로봇!

학접기 블록을 잡고 오리고 결합해서 만드는 색다른 종이접기!
더 화려해진 거대 종이 로봇을 만들어 봐요!

5단 진화! 히어로 페가수스 워리어 탄생!

5단 진화 — **히어로 페가수스 워리어**

1단계 2단계 3단계 4단계 5단계

Paper Build

히어로 빌드맨

최종 합체

어려운 부분은 동영상과 함께!

이번엔 자이언트 로봇이라고!

1. 제조자   도서출판 혜지원
2. 주소   경기도 파주시 회동길 445-4 302호
3. 전화번호   031-955-9224
4. 제조년월   2025년 2월 24일
5. 제조국   대한민국
6. 사용연령   6세~12세

사용상 주의사항
• 종이에 긁히거나 손이 베이지 않도록 주의하세요
• 제품을 입에 넣거나 빨지 않도록 주의하세요
• KC마크는 이 제품이 공통안전기준에 적합하였음을 의미합니다.

페이퍼빌드
5단 진화
자이언트 로봇
종이접기

페이퍼빌드
5단 진화
자이언트 로봇
종이접기